て、さまざまな組織、団体と KPI についてディスカッションを
呈で、うまくいかないケースに共通する問題点も見えてきました。
は、想定通りのポイントでした。ですので、講演・ワークショッ
I 作成支援の中で、解決できる問題でした。そして、どこを深く
　よりシャープにすると分かりやすく、より実践的になるのかと
イントも分かってきました。
らの学びを受けて、本書『最高の結果を出す KPI 実践ノート』
今から KPI マネジメントをスタートする、あるいは改善したい
個人の両方に対して、より実践的な内容に仕上げることができま

の DAY1 から順番に読んでいけば、自社、自組織の KPI マネジ
がスタートできるような実践的な構成にしました。DAY1 から
まで、ちょうど 1 日ずつ読んで、1 週間で習得できるつくりにな
ます。
『最高の結果を出す KPI マネジメント』を読んでいない方向けに、
に KPI マネジメントの概要もまとめました。
を読んでいただいた方は、復習として読んでください。
では、さっそく始めましょう。

ザイン　小口翔平＋喜來詩織＋畑中茜(tobufune)
乍　　　ファミリーマガジン
　　　　キャップス

中尾隆一郎

最高の
結果を出す
KPI
KEY PERFORMANCE INDICATOR
実践ノート

フォレスト出版

そし
する過
大半
プ、K
説明し
いうボ
それ
では、
企業、
した。
最初
メント
DAY5
ってい
前作
DAY0
前作
それ

2019 年に出版した『最高の結果を出す KPI ~
ト出版）は、おかげさまで 9 刷を数え、すでにベ
2020 年には中国語版も出版の予定です。「この
本質が理解できた」「実践できた」という声をた

本当にありがとうございました。

また、1 年間で 30 回ほどの企業、組織から
KPI 作成支援の依頼もいただきました。業種も
教育、旅行、流通、物流、人材ビジネス、化学ン
エンターテイメント、設備器機メーカー、サーヒ
公認会計士の団体、中小企業の支援団体、新聞系
です。

規模もさまざまで、一部上場企業から従業員
ありました。支援の対象も、会社全体の話もあれ
事業の立上げなどいろいろでした。

「すでに KPI マネジメントをしているのだけれ
で何とかしたい」という会社もあれば、「今から
という話もあれば、「経営者は KPI を入れたいと
場が反対しているので、説得してほしい」という
のまでありました。

変わり種は市役所です。市長、副市長、市の幹
を増やす」をゴールに KPI 設定の考え方を講義
は人口が増加し始めました。

この 1 年の活動を通じて、KPI マネジメントは、
活用できる可能性が高いことを実感できました。

ブック
図版制
DTP

2

contents

Day

0

KPI
マネジメントの
勘どころ

「先輩、ケーピーアイって何ですか?」

職場の後輩にこのように尋ねられました。
あなたなら、どう答えますか?

KPIマネジメントはあらゆる業種、業態に有効なマ
ネジメント手法です。本格的なKPIマネジメントの
実践に入る前に、「KPIとは何か」について簡単に
おさらいしておきましょう。
本章を読み終えたら、冒頭の職場の後輩の質問に
もすっきり答えられるようになるはずです。

KPIの定義をおさらい

「KPI とは何ですか?」

　私が「KPI マネジメントの講義」の冒頭で毎回する質問です。よくある典型的な回答は、以下のようなものです。

「KPI とは売上や利益のこと」
「KPI は数字で管理すること」
「KPI は事業を数字で見ること」

　みなさんもこう思っているかもしれません。
　しかし、残念なことに、全て不正解なのです。
　KPI は Key Performance Indicator の 3 つの頭文字をとったものです。そして、Key Performance と Indicator の 2 つに分けると意味が分かりやすくなります。Key Performance は「**事業成功の鍵**」。そして Indicator は「**数値**」あるいは「**数値目標**」です。
　つまり、KPI は「**事業成功の鍵**」の「**数値目標**」のこと。
「事業成功の鍵」は何なのかを明確にして、それを「数値目標」として設定するのが KPI です。ちなみにこの「事業成功の鍵」を **CSF**(Critical Success Factor) と呼びます。KFS(Key Factor for Success)、KSF(Key Success Factor) と呼ぶ方もいますが、意味は同じです。
　本書では CSF と呼ぶことにします。

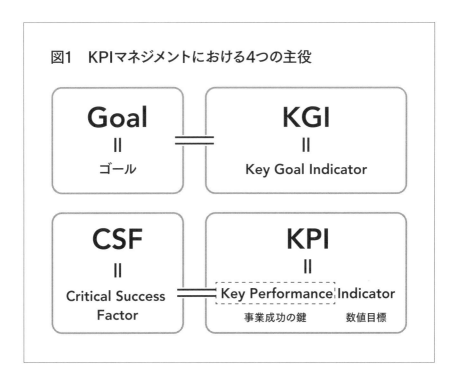

図1 KPIマネジメントにおける4つの主役

Goal
∥
ゴール

KGI
∥
Key Goal Indicator

CSF
∥
Critical Success
Factor

KPI
∥
Key Performance Indicator
事業成功の鍵　　数値目標

重要な主役は4つ

　KPIマネジメントを実行する際、KPIとCSFに加えて、あと2つ重要な主役がいます。それは **Goal** と **KGI** です。Goalは、文字通り「事業のゴール」です。そして KGI は **Key Goal Indicator** の3つの頭文字をとったもの。つまり、「事業のゴールの数値目標」です。

　一般的には、期末や3年後に「利益○億円」などという目標設定がされています。この**「利益」にあたる部分が Goal** です。そして、「**○億円」が KGI** にあたります。つまり「Goal」「KGI」と「CSF」「KPI」という2組、合計で4つの主役（Main Character）がいるのです。

　事業の最終ゴールの数値目標である KGI を達成するための成功の鍵が CSF であり、それを数値目標にしたものが KPI という関係になります。

つまり、KPI目標を達成していれば、最終的にKGI（最終的な目標数値）も達成するということになります。そして、当たり前ですが、KPI目標が未達成であれば、そのままではKGIも未達成になります。

なぜわざわざ、こんな当たり前のことを書いているのか。

KPIマネジメントとは、KPI数値からKGI（最終的な目標数値）の見込みを予想し、対策を講じることです。KPI数値がよい時は問題ありません。しかし、KPI数値が悪ければ、対策を講じる必要があります。そのためには、**KPIはKGIの「先行指標」である必要があります。**

先行指標とは、**事前に分かる指標**ということです。

たとえば、1年後の期末時点の利益がKGIである場合、期初数か月目のKPI数値で、期末時点の利益が予想できるとします。このようにKGIの状況が早く分かれば分かるほど、よいKPIだということになります。なぜならば、早く分かれば分かるほど、対策が必要な場合、対策にあてる時間が多く残っているからです。

KPIは「信号」なので「1つ」でなければならない

私は、よくKPIマネジメントを交差点の信号にたとえることがあります。自動車を運転しています。交差点に差し掛かります。信号を確認して、そのまま進むか、停車するか判断します。

赤信号なら停止、青信号ならそのまま進むという具合です。青信号はKPI数値がよい状況です。赤信号は悪い状況です。黄信号はよくない兆しだということを示しています。

当たり前ですが、信号は交差点に入る前に見えないと意味がありません。交差点に入ってから信号が見えて、それが赤信号だとわかっても交通事故になるかもしれません。つまり、**KPIの数値は信号と同じく事前に分かる必要があるのです。**

信号のたとえは、他にもKPIマネジメントの特徴を表しています。信号は1つですよね。交差点には自動車用、歩行者用など複数の信号がある場合もあります。しかし、自分がチェックすべき信号は1つです。

図2　KPIは交差点の信号にたとえられる

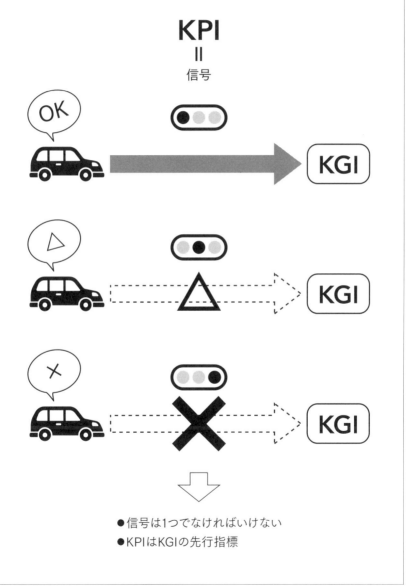

- 信号は1つでなければいけない
- KPIはKGIの先行指標

KPI マネジメントでも同じです。

▶ 一番弱い箇所を強化するのが KPI マネジメント

後で詳しく説明しますが、これは重要なポイントです。

さわりだけ説明すると、KPI マネジメントは**制約条件理論**に基づいて実施します。制約条件理論は、そのビジネス活動の最も弱い箇所に着目し、そこを強化するという考え方です。

そして、その弱い箇所が強くなれば、次に弱いところを強化し、順々に弱い箇所をなくしていくと、結果としてビジネス全体が強くなるという考え方です。

その時に**一番弱い箇所こそが「CSF（事業成功の鍵）」**なのです。

交差点の信号のすごいところは、運転手も歩行者もすべての人がルールを知っていることです。

KPI マネジメントも同じです。

KPI を経営者だけ、あるいは経営企画メンバーだけが活用するのでは、その効能の一部しか使えていないと言えます。すべての従業員が KPI を意識し、定期的にチェックし、KPI が悪化したら、いち早く対策を検討し、行動することが重要なのです。

さて、これで KPI マネジメントの概要についてお伝えすることができました。

それでは、まず4つの主役（Main Character）について考える Day1 をスタートしましょう。

図3　KPIまとめ

☑ KPIマネジメントの主役は4つ

☑ KPIは交差点における信号

☑ KPIはKGIの先行指標

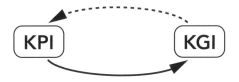

☑ 信号なのでKPIは1つ

☑ すべての従業員がKPIを把握して状況に合わせて行動する

Day

1

ＭＣ４確認の
ための
ワークショップ

さて、さっそくですが「当社のKPIは何か？」を定め
て、KPIマネジメントを始めていきましょう。
……と言いたいところですが、ちょっと待ってくだ
さい。
KPIの前に重要な作業があるのです。
KPIマネジメントは「KPI」だけでは成立しません。
「Goal」「KGI」「CSF」「KPI」。この4つの重要な主
役（Main Character）が、どれも欠かせません。
1日目のDAY1では4つの主役を確認するワーク
ショップを行います。

やってみると分かる
「Goal」「KGI」の不統一

　KPIマネジメントの主役は4つ。前述のようにGoal、KGI、CSF、KPIです。わざわざ主役と書いているのは、この4つのうち1つが欠けてもうまくいかないからです。主役（Main Character）が4つなので、略してMC4（エム・シー・フォー）と呼んでいます。

　このMC4を同じ会社あるいは事業の関係者で確認するワークショップを行います。たとえば同じ会社の経営陣が集まって、あるいは同一事業の責任者、管理職、担当者などが集まってワークショップを行います。

　具体的な手順は次の4ステップです。

①**個人ワーク**　自社あるいは自組織のMC4を4マスに記入。
②**グループ共有**　3〜4人のグループになり、それぞれのMC4を共有。
③**グループ対話**　MC4の同じところ、違うところとその理由を確認します。特にCSFをどのように選んだ（決めた）のかがポイントです。
④**確定**　グループ内でMC4を確定します。

　もしも、参加者が多い場合は、次の3ステップを加えます。

⑤**全体共有**　各グループの代表者が、全参加者に対してMC4を共有。
⑥**全体対話**　MC4の同じところ、違うところとその理由を確認します。
⑦**確定**　全員でMC4を確定させます。

　MC4の最初の2つである「Goal」と「KGI」は、旅行でいうところの目的地や予算や日程などにあたります。ここがずれていると参加者は

図4　MC4確認のワークショップ

①個人ワーク

Goal	KGI
CSF	KPI

②グループ共有

③グループ対話

④確定

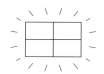

参加者が多い場合は
さらに次のステップへ

⑤全体共有

⑥全体対話

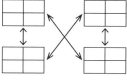

⑦確定

目的地に到着できません。当然ですよね。旅行の参加者同士で目的地が異なることはありません。

しかし、このワークショップを行うと、Goal と KGI がずれていることが少なくないのです。

たとえば、Goal は「期間」「対象」「内容」の 3 つから構成されています。「期間」とは、期間が長い順にたとえば「3 か年」「今期」「半期」「四半期」「今月」「今週」というものです。

「対象」は「全社」「事業」「自組織」などがあります。

「内容」とは「利益」「売上」などです。さらに「利益」には「営業利益」「経常利益」「税前利益」「税後利益」「当期純利益」あるいは EBITDA、ROIC などもあります。

ある経営幹部は「今期の全社の営業利益が Goal」、別の幹部は「今期の自組織の売上が Goal」だと言い、また別の幹部は「3 か年の全社の EBITDA が Goal」といった具合です。Goal がずれているので、それに該当する KGI は当然ながらずれるわけです。

KPI マネジメントを導入するためにこのワークショップをするのですが、MC4 の最初の Goal と KGI がずれていては、KPI の話に進めません。そこで、このワークショップでは、最初に Goal と KGI を関係者間で合意するところから始めます。

これは、KPI マネジメントの 10 のステップ（図5）の最初のステップです。このようにステップの最初に書いています。ところが、自分たちは Goal の共有ができているはずだと、確認しない人たちが多いのです。

実際にワークショップをしてみると、関係者で Goal の認識が違うことが少なくありません。最初のステップでずれているのでは、残りのステップに進めません。

このワークショップが、KPI マネジメントのスタートになります。

その後、関係者が集まって MC4 の確認を始めます。Goal の確認作業や議論だけでも大きな意味があると思います。

図5　KPIマネジメントの10のステップ

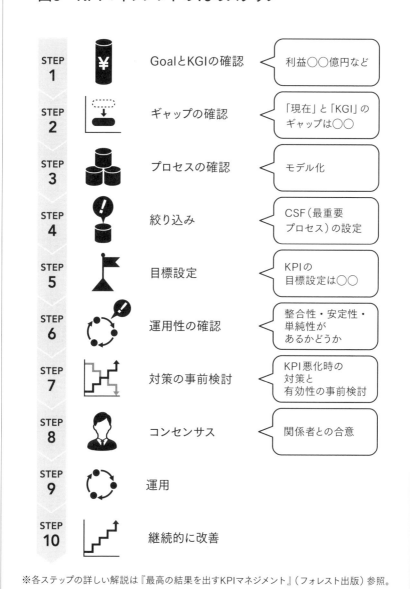

STEP 1	GoalとKGIの確認	利益○○億円など
STEP 2	ギャップの確認	「現在」と「KGI」のギャップは○○
STEP 3	プロセスの確認	モデル化
STEP 4	絞り込み	CSF（最重要プロセス）の設定
STEP 5	目標設定	KPIの目標設定は○○
STEP 6	運用性の確認	整合性・安定性・単純性があるかどうか
STEP 7	対策の事前検討	KPI悪化時の対策と有効性の事前検討
STEP 8	コンセンサス	関係者との合意
STEP 9	運用	
STEP 10	継続的に改善	

※各ステップの詳しい解説は『最高の結果を出すKPIマネジメント』（フォレスト出版）参照。

Day

2

KPI
マネジメントの
ステップ

そもそもKPIマネジメントはマネジメント手法の一つにすぎません。本来は「KPIマネジメントを導入すること」が目的となるのはおかしいのです。本来の目的はあくまでも「業績拡大」や「新規事業立ち上げ」です。結果としてKPIマネジメントを導入することで、これらが促進されるという関係性なのです。

事業シナリオを描く手順

　私への企業からの相談は、「業績拡大」あるいは「新規事業立ち上げ」というケースがよくあります。ところが、この相談が結果として KPI マネジメントを導入することになるケースがあるのです。

　私はリクルート時代に「業績拡大」や「新規事業立ち上げ」を何度も担当しました。その当時から使っているステップが理解しやすいようです。本書では、さらにバージョンアップした具体的ステップを紹介します。

　「業績拡大」や「新規事業立ち上げ」のワークショップの冒頭に、参加者に、このような質問をします。

「あなたは（異動、転職、顧客の担当替えなどで）ある事業の成長シナリオを描くことになりました。どのような手順でシナリオを作りますか？」

　みなさんならどうしますか？
　いろいろな手順がありえると思います。私なら次のようなステップで実施します。

①現状把握
②解釈
③介入

　簡単そうでしょう。リクルート時代の用語では「見立てる」→「仕立

てる」→「動かす」という言葉を使っていました。整理すると、

①現状把握＝見立てる
②解釈＝仕立てる
③介入＝動かす

　余談ですが、最初のステップを「観察」と表現する方法もあります。私は「観察」という言葉は使っていません。「観察」というと「観察者」と「被観察者」があるように感じます。誰かが誰かを昆虫観察のように見ている絵を想像してしまうのです。私なら観察されるのは嫌だなって思ってしまいます。
　一方の「現状把握」は「観察者」の観点ではなく、もっとフラットな意味合いに感じるので、この言葉を使っています。もっとも個人の好き嫌いに過ぎませんが。

「現状把握」「解釈」「介入」の方法

　話を元に戻します。それぞれ①〜③について、具体的には、何をするのか。それぞれ補足説明しましょう。

①現状把握＝見立てる
　現状把握とは、対象事業のビジネスプロセスの中で最も弱い箇所≒強化すべき箇所を特定することです。これは MC4 の「CSF = Critical Success Factor」を特定する作業です。つまり、**現状把握とは、単に現状を把握するのではなく、CSF を見つけるための重要なステップなのです。**

②解釈＝仕立てる
　①で見つけた CSF を「どうやって」「どれくらい強化」するのかというのが解釈です。この「どれくらい」がまさに「KPI = Key

Performance Indicator」にあたります。

③介入＝動かす

　介入とは現場に動いてもらうことです。「介入」という言葉を使っているのは、現場からの視点を持つためです。

　現場は現場最適で日々活動をしています。それに対して、何らかの新しいことをしてもらうわけですから、現場からしたら「介入される」ような感覚だと理解したほうがいいのです。厄介ごとを依頼されるといったニュアンスですね。現場に依頼する側は、このような感覚で現場とコミュニケーションするのをお勧めします。そのような姿勢で業務設計して、現場に動いてもらうということです。

3つのステップを進めるうえでの注意点

　この3つのそれぞれのステップを実行する際に、意識すべき大事なポイントがあります。何だと思いますか？

　それは、**それぞれのステップを検討している時に、「次のステップを考慮しない」**ということです。

　たとえば、「現状把握」をしている時に、「解釈」をしない。「現状把握」をしながら、ついつい、「できるか」「できないか」を考えだして、CSF を探す際に、選択肢を広げきれないことがあります。

　あるいは、「解釈」している時に、現場への「介入」を意識しない。現場の「できる」「できない」に引っ張られ過ぎて、同じく選択肢が狭くなっていくケースがあります。それぞれのステップを検討している時には、次のステップを検討しない。このことを覚えておいてください。

　最後に、この3つのステップの前後にやる作業を確認しておきましょう。1つは、想像できると思います。すでに触れましたが、Goal とKGI の確認です。

　そして、もう1つ。最後に「振り返り」です。

図6　事業シナリオを描く＝KPIマネジメントのステップ

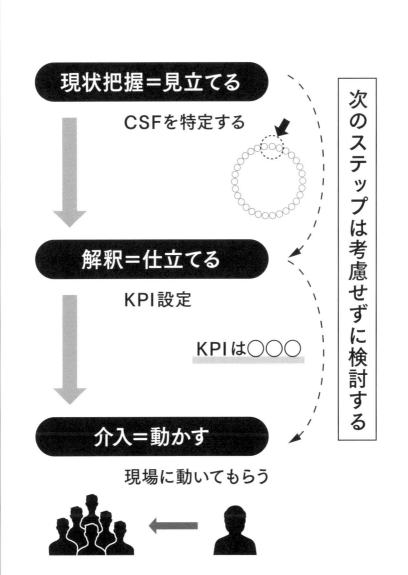

現状把握＝見立てる

CSFを特定する

解釈＝仕立てる

KPI設定

KPIは〇〇〇

介入＝動かす

現場に動いてもらう

次のステップは考慮せずに検討する

⓪ Goal の確認＝ KGI
①現状把握（見立てる）＝ CSF
②解釈（仕立てる）＝ KPI
③介入（現場を動かす）
④振り返り

Goalから逆算するG-POP

これら一連の流れを視覚化したものが図7です。それぞれの頭文字を略して「G-POP（ジーポップ）」と呼んでいます。

「Goal」＝ Goal と KGI を設定あるいは確認する。
「Pre」＝事前準備として「現状把握」で CSF を特定し、「解釈」で KPI を設定する。
「On」＝「介入」し、現場に動いてもらう。
「Post」＝きちんと振り返る。

図7はこれらの関係を視覚的にイメージしてもらうための図です。
MC4 のうち、みなさんが上手に見つけることができないことが圧倒的に多いのが CSF（Critical Success Factor）です。
では、次の DAY3 からは、CSF を見つける勘どころをみていきましょう。

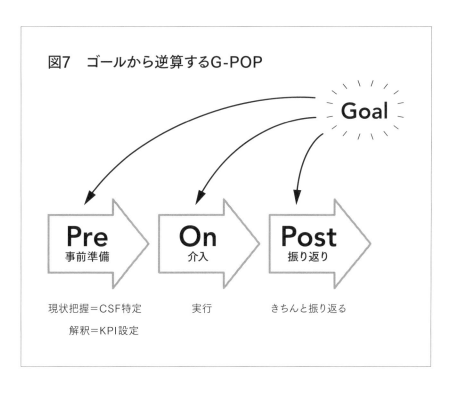

図7　ゴールから逆算するG-POP

Goal

Pre
事前準備

On
介入

Post
振り返り

現状把握＝CSF特定

解釈＝KPI設定

実行

きちんと振り返る

Day

3

CSFの
見つけ方と
その事例

KPIマネジメントを実施する際につまずきやすい
ポイントは「CSFが見つからない」という悩みです。
実際に私が支援する会社でも「CSFが分からな
い」というケースが圧倒的に多く、KPIの手前で止
まってしまうことがよくあります。
その際に、CSFを「制約条件理論」で説明すると、
理解できるようになるのです。

KPIマネジメントに応用 できる「制約条件理論」

ここがKPIマネジメントの肝の部分です。

各論に入る前に、CSFを見つける時に重要な考え方を紹介します。

それは「**制約条件理論（TOC = Theory of Constraints）**」です。

制約条件理論という言葉は知らなくても、エリヤフ・ゴールドラット教授の著書『ザ・ゴール』シリーズを読まれた方は多いかもしれません。

制約条件理論はさまざまな場面で役立つ考え方です。

もちろんKPIマネジメントにも有効です。プロジェクトマネジメントでもそうです。予算管理や時間管理でも役立つ応用範囲の広い理論ですから、ぜひポイントを確認しておきましょう。

「制約条件理論」を理解してもらうために、私は2つのたとえ話をよくします。1つは「ネックレス」の話。もう1つは「工場の組立ライン」の話です。

「ネックレス」で一番弱いところはどこ？

図8のようなネックレスを引っ張ると、どこが切れるでしょうか？

典型的な回答が「留め金の部分」と「ペンダントトップの部分」というものです。

実際はどうかというと、どちらもそうかもしれませんが、そうでないかもしれません。スッキリした回答ではなくて申し訳ないです。

正しい回答は「一番弱い部分」です。

ですので、一番弱い部分が「留め金の部分」あるいは「ペンダントトップの部分」であれば、これらが回答になります。

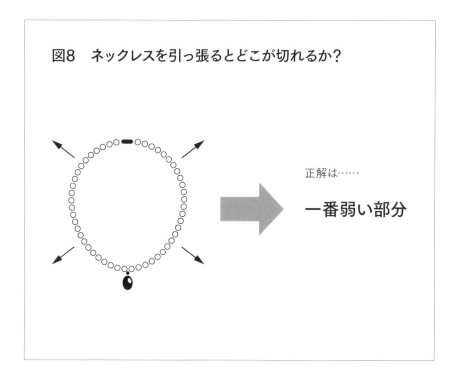

図8　ネックレスを引っ張るとどこが切れるか？

正解は……

一番弱い部分

　なーんだって思うかもしれません。しかし、この「**一番弱い部分が切れる**」というのが**最適な回答**です。

　当たり前の話ですが、ネックレスは切れてしまったら使い物になりません。ですので、ネックレスを使うためには、この「一番弱い部分」を強化しなければいけません。弱い部分を強化して、引っ張ってもその箇所が切れないようにします。

　その後、このネックレスを引っ張るとどこが切れるでしょうか？

　もう分かりますよね。

　「**次に弱いところ**」です。

　そして、順番に弱いところを発見し、次々に強化していき、引っ張る力より全ての箇所が強くなれば、ネックレスはどんなに引っ張っても切れなくなります。

　最も弱いところを順番に強化していけば、ネックレスは強くなる。

これが、最もシンプルな制約条件理論を理解するためのメタファー（たとえ話）です。

　そして、**この弱い部分こそが CSF（Critical Success Factor）**なのです。このメタファーから 3 つの法則が分かります。

① CSF を強化するとネックレスは強くなる
② CSF は移動する
③ CSF を順番に強化し続けるとネックレスは切れなくなる

組立ラインの「制約条件」はどこか

　もう 1 つのたとえ話。今度は工場の組立機械です。

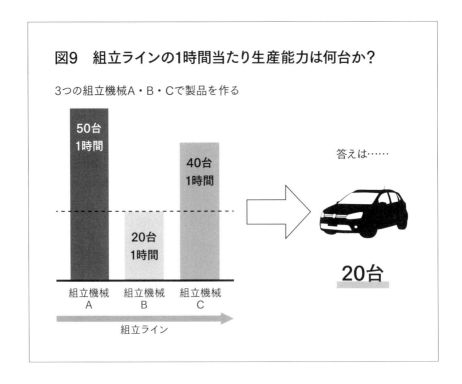

図9　組立ラインの1時間当たり生産能力は何台か？

3つの組立機械A・B・Cで製品を作る

50台
1時間

20台
1時間

40台
1時間

答えは……

20台

組立機械
A

組立機械
B

組立機械
C

組立ライン

図9のように組立ラインの左側から部品を組立機械Ａ→Ｂ→Ｃと順番に通します。すると右側に完成品ができます。組立機械の生産能力は、それぞれ1時間当たりＡ：50台、Ｂ：20台、Ｃ：40台とします。

　講演やワークショップでは、この図を見せながら、こんな質問をします。

「この条件下で、この組立ラインは1時間当たり何台の完成品を作ることができるでしょうか？」

　回答は、**「1時間当たり20台の完成品ができる」**です。

　いかに組立機械ＡとＣが1時間当たりにそれぞれ50台、40台の生産能力があったとしても、組立機械Ｂの生産能力が1時間当たり20台なので、結果として製品は20台しか製造できません。

　組立機械Ｂが「制約条件」になり、全体の生産性を決定します。つまり、この組立機械Ｂが、プロセスの中で一番弱い箇所であり、CSF（Critical Success Factor）**にあたります。**

生産能力が一番低いところがCSF

　では、この組立ラインの生産性を1時間当たり35台にするには、どうすればよいでしょう？

　これもいろいろな方法があります。しかし重要なポイントは1つです。それは、組立機械Ｂの生産能力を現在の1時間当たり20台から35台に引き上げる必要があるということです。

　具体的には、もし組立機械Ｂの旧型（生産能力1時間あたり15台）が倉庫に眠っていれば、その旧型機械Ｂを引っ張り出してきて、並行稼働（新型の組立機械Ｂに加えて倉庫にあった旧型の組立機械Ｂも両方とも稼働）させればよいのです。

　これで、次ページの図10のように1時間当たり、35台の完成品が作れる可能性が出てきました。

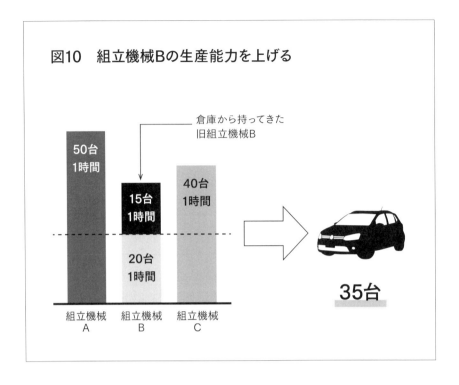

図10　組立機械Bの生産能力を上げる

倉庫から持ってきた
旧組立機械B

50台
1時間

15台
1時間

40台
1時間

20台
1時間

35台

組立機械
A

組立機械
B

組立機械
C

　では、新旧の組立機械Bを扱うオペレータをどう配置すればよいで
しょうか？　あなたが工場長だったら、どのような判断をしますか？
　以下の選択肢から選んでください。

①新規採用する
②組立機械Bの作業員に頑張ってもらう
③組立機械A・組立機械Cの作業員から異動してもらう

　これも前提条件によって違いますが、③の組立機械A・Cの作業員か
ら異動してもらうが妥当解です。
　一般的に生産ラインは、組立機械の生産能力に合わせて人員を配置し
ていることが多いですね。ですので、組立機械AやCは、それぞれ50
台、40台組み立てられる作業員がいる可能性が高いのです。つまり余

剰人員がいるのです。

①の「新規採用」は、採用コストもかかりますし、人件費も増えます。人材育成のコストやパワーもかかります。

コストをかけないために、②の組立機械Bの人に頑張ってもらうという話もよく聞きます。短期間であれば、そのような選択肢もあるのかもしれません。しかし、無理をし続けると、組立機械Bの作業員が体調を壊したり、辞めたりします。このような無理な施策は長続きしないものです。

組立ラインは、分かりやすい制約条件理論のメタファー（たとえ話）です。

一番生産能力の低いところを特定する。これがCSFにあたります。

そしてGoalから逆算すれば、KPIを計算できます。今回であれば、必要な作業員の数などがそれにあたります。それを制約条件ではない部分（今回では組立機械AとC）が支援するわけです。

ネックレスのメタファーも全く同じですね。ネックレスのチェーンの部分を一周チェックすると、傷がついていたり、細かったりするところがあります。ここが切れやすいと想像できます。その部分がCSFです。

「制約条件」が減っていくと業績が上がる

ネックレスのチェーンの部分をチェックするように、組織の弱いところをチェックするにはどうしたらよいでしょうか。

弱い組織とは、たとえば新メンバー（新人・異動者・転職者・新管理職）がいる組織。あるいは情報が限られている組織。具体的には、雇用形態が弱い契約社員、派遣社員、業務委託が多くいる組織などが考えられます。

このような組織の場合、それ以外の組織が守れば、組織全体が強くなります。**「制約条件」が減っていけば、生産性が高まり、業績が上がる。**

とてもシンプルな話です。

イケてる組織、業績を上げ続けている組織は、この「制約条件理論」に従って、事業運営をしていることが多いようです。

Google の調査で「**心理的安全性が高い組織**」の業績がよいという話や、ハーバード大学のロバート・キーガン教授が提唱した「**弱さを見せあえる組織は強い**」という話と同様です。弱いところ、困っていることを周囲に伝えると支援してくれる組織の業績がよいのです。

逆にイケてない組織は、周囲が弱いこと、困っていることを話すと、「自分たちで頑張れ！」と言ったり、あるいはここぞとばかりにいじめてくるのです。支援の全く逆ですね。

先ほどの工場の組立ラインの例でいうと、組立機械 B の人たちに、自分たちで頑張れと言うのです。

これまでの制約条件理論のおさらいです。

プロセスの中で一番弱いところを見つけます。一番弱いところが CSF であり、それを組織全体で支援することを繰り返せば、業績が上がります。

繰り返すのもポイントの 1 つです。ネックレスのチェーンの弱いところを順番に強化していきました。制約条件は移動するのです。

この後、KPI の具体的な事例をたくさん紹介します。しかし、事例で取り上げたケースは、過去の CSF であり、過去の KPI です。過去の CSF はすでに強化されていて、現在は別の CSF を強化しているはずです。

ならば、なぜ過去の事例を紹介するのか？

それは、CSF を見つける勘どころをイメージしてもらうためです。

CSFの具体的な見つけ方

では、CSF を見つけるための具体的な方法を説明しましょう。

①ビジネスプロセスを図示

②そのプロセスの中でどこが弱いのかを見つける＝CSF

じつは文章にするとたったこれだけです。

しかし、これを関係者で図にして、確認するプロセスが重要です。先ほどの MC4 の確認ワークショップと同じです。

関係者で認識を揃えることが重要なのです。

ちなみに、最初からこのプロセスを複雑に図示する必要はありません。「最初から」と書きましたが、**正確に表現すると、最後まで全体像を精緻に表現する必要はありません。**

目的は CSF を見つけることです。つまり、ビジネスプロセスの大きな流れの中で、弱い箇所を見つけて、その箇所だけ、さらに精緻に分析すればよいのです。

図 11 をご覧ください。これは会員制の事業のビジネスプロセスの図

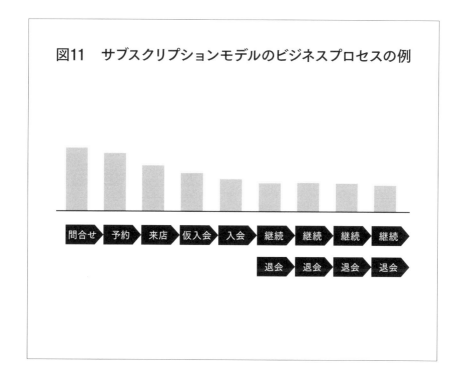

図11　サブスクリプションモデルのビジネスプロセスの例

です。最近流行りのサブスクリプション（サブスク＝月額固定料金）型の事業ともいえます。

　まず、このような図を作ります。どうしても精緻に作りたがる人がいるかもしれませんが、そこは何とか我慢して、シンプルにするのをおすすめします。

　次は、売上やコストを式として表現し、それを元に仮説を立てて、データで確認をします。式やデータが苦手という方がいるかもしれません。しかし、組織の中には、数字が得意な方が必ずいます。その方を仲間にして、一緒に考えましょう。これらを通して、CSFにあたりをつけます。

　たとえば、この種の会員制ビジネスの売上は、

「売上」＝「会員数」×「継続月数」×「月会費」

と表現できます。「会員数」は「入会数」－「退会数」の差分。そして継続月数は、「退会数」を減らすことで大きくできます。

　コスト側も式にできます。

コスト＝集客費＋人件費＋システム費＋店舗費＋他

　当たり前ですが、売上の各項目は増加させたい。そしてコスト側の各項目は減少させたい。つまり、二律背反問題が起きるのですよね。

　たとえば新規会員数を増やすためには、集客費を増やさなければいけない。しかし、コストの中で集客費は数少ない変動費なので、利益が厳しい時は、減少させなければいけないといったケースです。

　「売上－コスト」が利益ですから、このように数式にすることで、利益を表すことができます。そして、**この中で、どの項目が自分たちで変化させられる「変数」つまり「変動費」なのか**を考えます。あるいは、その業界や職種の経験が長い人に、アドバイスや意見をもらいます。

　「会員制ビジネス」では、退会数を減らすことが鉄則です。それは、これらの式を見れば分かります。「会員数」は「入会数」－「退会数」の

差分。そして継続月数は「退会数」を減らすことで大きくできます。「退会数」を減らすことができれば、「会員数」の増加にも、「継続月数」の増加にも寄与するのです。1粒で2度おいしいわけです。

　それをデータや現場の声で確認します。念のために、「退会」データに加えて「入会」のデータも確認します。データは、どのような属性の人が「退会」しやすいのか、あるいはしにくいのか。現在保有しているデータでよいので、素早く現状把握することが重要です。

　あわせて、現場のハイパフォーマー（優秀な人材）とミドルパフォーマー（平均的な人材）の目星をつけておくこともポイントです。ハイパフォーマーとミドルパフォーマーの行動の比較により、何がCSFかが判明することが少なくないからです。

「最重要」ではなく「プロセスが弱い」と表現する理由

　最後に1つ案外重要なポイントを説明します。

　CSFが分かった後に、現場に「介入」する際のポイントです。

　以前私は、CSFのことを「最重要プロセス」と呼んでいました。今でも、最も強化すべきポイントであり、大事なポイントなので、この「最重要プロセス」という名称自体は間違っていません。

　しかし、最重要という言葉のニュアンスとして、そこが重要であり、他は重要ではないと感じる方が多いことに気づきました。

　そこで、最近は、重要と表現するより「弱い」がいい感じだなと思っています。「**そのプロセスが弱いので、周囲の支援が必要です。なぜならば、周囲のプロセスは強いわけですから。支援しましょう**」と伝えると、納得してもらえるケースがよくありました。

　同じ内容なのですが、「これが重要」と言い切ると、他の部署がやっかむようです。あえて争いを作る必要はありませんよね。

Day

4

ケーススタディから学ぶKPIマネジメント事例集

DAY4では代表的な事例を6つご紹介します。読者のみなさんがそれぞれのビジネスに活用しやすいように、できるだけ一般化して説明しました。各事例はそれぞれ図にしてまとめましたので、ぜひご参考ください。

ここは少し量が多いので、2日に分けて読んでもよいかもしれません。

※各事例の業界規模、数値は実際のものではありません。

事例①
成約課金型ビジネス

―| ビジネスの概要 |―

　同社アドバイザーが個人顧客と企業顧客をマッチング。その後、個人顧客と企業が商談を行う。個人顧客と企業の間で商談が成立した後、企業顧客から広告料をもらう。つまり成約課金型ビジネス。売上はマッチング後、平均して半年後に計上。

| GoalとKGI |

10年で売上100億円規模
営業利益20%前後を実現する

Pre1　「現状把握」CSF特定

　まずは、ビジネスプロセスを図12のように「矢羽根」で表現してみます。時間軸の順に左から「**集客**」→「**相談**」→「**企業紹介**」→「**個別商談**」→「**契約**」です。実際のプロセスはもっと複雑ですが、まずはざっくりと図を作ります。この矢印の上に棒グラフがあります。この棒グラフから、ビジネスステップごとの**歩留まり**（CVR = Conversion Rate）を把握します。

　私が担当した直後は、「相談」から「契約」までのCVRは数%でした。「契約」の数を上げることが、このビジネスにおける売上向上の肝です。

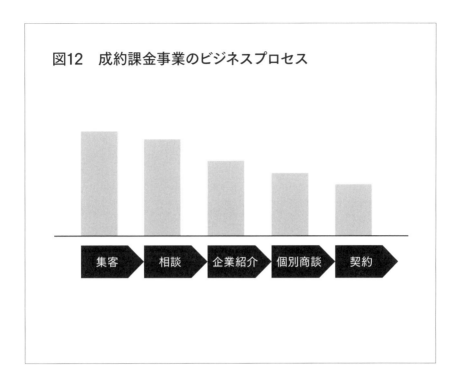

図12　成約課金事業のビジネスプロセス

集客 ▶ 相談 ▶ 企業紹介 ▶ 個別商談 ▶ 契約

まず、どこを変化させられるかを考えます。

　たとえば「個別商談」の部分は、個人顧客と企業顧客が文字通り個別に商談をします。間接的な支援はできますが、直接的な支援は難しそうです。ということは、直接関与できるのは、残りの「集客」「相談」「企業紹介」の3つのステップであることが分かります。

「集客」を増やした場合

「集客」「相談」「企業紹介」の3つのステップのうち、どこを増加させるのが最も効果的でしょうか。

　このような場合、それぞれを増加させるには何が必要なのか、どのような影響があるのかを丁寧に確認していきます。

　まず「集客」を増加させることを考えます。「集客」を増加させるに

は、一般的には広告などを活用する、自社の WEB を強化する、口コミなどを活用するといった方策が考えられます。どれも費用が必要です。

結果、利益を圧迫する可能性があります。

現在の「契約」まで数％という低い CVR のままでは、「相談」に対応するアドバイザーの人員増加も必要です。これについても費用が必要です。さらに利益を圧迫する可能性があります。この状況で「集客」増加は好ましくありません。

しかも、アドバイザーにとっても CVR 数％の状態は好ましくありません。いくら個人顧客の「相談」対応をしても、「契約」に結びつかないのでは、仕事にやりがいを感じることができません。結果、離職率が高まる可能性があります。収益的にも従業員の離職防止のためにも、この段階で「集客」を増加させることは好ましくありません。

「相談」を増やせばよいのか？

次に「相談」を増加させることを考えます。一般的に「相談」を増やすには、「集客」を増加させる必要があります。「集客」は現場（各店舗など）でやっているケースもあるかもしれません。

しかし、昨今のネット中心の集客は高い専門性が必要です。現場でやるのではなく、本部などで集約する方が生産性、効果は高まります。

しかし、現場でやれることもあります。たとえば「相談」予定だった人がキャンセルして「相談」が実現しなかった場合、再度連絡をして「相談」できるように促進することもできます。具体的には、電話をする、メールやメッセンジャーで連絡を取るなどが挙げられます。

現場でもやれることがあるので、「集客」よりも「相談」の方が、可能性があるのが分かります。

「企業紹介」を増やすのが効果的

最後に「企業紹介」です。ここは「個人顧客」に対して、「企業顧客」

を「紹介」するというステップです。「相談」に来た「個人顧客」に「企業顧客」を「紹介」するわけです。新たな費用は発生しません。

　ただし、アドバイザーの「紹介力」というスキル向上が不可欠です。そのための教育・研修などの費用は必要かもしれません。

　しかし、「企業紹介」が増加すれば、当然ですが、「企業紹介」の次のステップである「個別商談」の数は増えます。結果、その次のステップの「契約」も増えそうだと予想ができます。

　また、「企業紹介」を増やすためには、「相談」した人のうち「紹介」できなかった人への再アプローチをすればよいわけです。アドバイザーの立場からすると、一度「相談」でコミュニケーションをとった「個人顧客」です。気分的にもアプローチしやすいはずです。

　再アプローチした場合のCVRも高そうだと想定できます。

　これらの考察により「集客」「相談」「企業紹介」の3つのステップのうち、最も後工程の「企業紹介」を増やすことが効果的であると予想できたわけです。

シミュレーションを数値に落とし込んでいく

　ここまでは、いわば頭の中でのシミュレーション。ここからは、これを数値で確認します。何を確認するかというと、**「相談」から「企業紹介」のCVRの上限値**です。つまり、現状からCVRを最大何％向上できる余地があるのかということです。

　私は、この際には2つのアプローチをしました。1つは、自社サービスデータからの現状把握です。そしてもう1つはベストプラクティスからのTTP（「徹底的にパクる」の略語）です。

　まずは自社サービスからの現状把握です。自社サービスのCVRを確認します。たとえば100名の「相談」を受けたら、何名に「企業紹介」して、何名が「契約」するのかというデータです。前述のように「相談」→「契約」のCVRは数％でした。100名が「相談」しても、数名

しか「契約」に至らないのです。かなりCVRが悪かったのです。

「相談」から「企業紹介」に至った人数を見ると30〜40名でした。つまり、「相談」から「企業紹介」のCVRは30〜40%だったのです。一方で、私たちが「相談」を受けた人が「紹介」した企業以外も含めて、何%程度「契約」しているのかをアンケートしました。

驚くべき数値が出てきました。

おおよそ半分だったのです。

つまり、**「相談」した人の約半分、つまり50%はどこかの企業と「契約」していたのです。**そして、当時の私たちは、そのうち数%しか貢献できていなかったわけです。

これを前向きに考えると、大きな成長余地があるとも言えます。しかし、当時の「個人顧客」と「企業顧客」のマッチング精度はかなり低いのだという現状を知ることにもなりました。

また、最大が50%だとしても、そこまで上げられるはずはありません。実際の上限値を知る必要があります。

答えは「ベストプラクティス」にあり

そこで必要なのが、ベストプラクティスからのTTPです。ベストプラクティスとは、見本となるような事例のことです。TTPは「徹底的にパクる」の略語です。当時のこの組織では、重要なコンセプトであり共通言語になっていました。

「個人顧客」と「企業顧客」をマッチングさせるビジネスで思いつくものは何でしょうか。たとえば「人材紹介」「人材派遣」「保険紹介」「結婚式場紹介」などがあります。これらの情報を入手し、分析した結果、契約者のうちの60%を自社サービスでマッチングさせたのが最高値であることが分かりました。

つまり、先ほど、我々のサービスで「相談」した人の約半数である50%が「契約」するとすれば、その60%、つまり50%×60%＝30%程度まで増加させられることが分かったのです。現在の「契約」までの

CVRが数％ですから、30％まで、つまり数倍向上させられる余地があることが分かりました。単純に理論値ですが、うれしい可能性です。

　1社でCVR＝60％を実現しているベストプラクティスがあるわけです。私たちもサービスレベルを向上させられれば、決して無理な数値ではないことが想像できます。

　ここで「CSF」は「企業紹介」数を増やすことではないかという仮説が浮かび上がってきました。しかし、まだこれで確定ではありません。これらのデータや仮説などをベースに「解釈」して、KPIの数値目標を設定する必要があるのです。

Pre 2　「解釈」KPI設定

「企業紹介」数を増やすことで、「契約」が増えるのは分かってきました。そして、「契約」が伸びる余地は数倍であることが分かりました。

　しかし、ここで不思議なことに気づきます。現在の「相談」→「企業紹介」のCVRは、すでに30〜40％あります。理屈上の「相談」→「契約」のCVRの上限は30％です。

　極論すれば、今の「相談」→「企業紹介」のCVRでもよいのかもしれません。つまり、我々の「紹介」技術が低いために、「個人顧客」と「法人顧客」のマッチングレベルが低くなっている可能性があります。

　しかし、「紹介」の質を把握するのは、なかなか難しいものです。「個人顧客」の要望をきちんと聞くとか、「法人顧客」の担当者の個性を把握し、担当者に合う顧客を紹介するなどが考えられます。

　しかし、これらを目指すのは重要なのですが、これだけだと新メンバーを育成する方法も考えられません。あるいは、これらの施策ができているかどうかを判断・把握することも難しいのです。

　何かよい方法はないものか。一生懸命考えました。いろいろなデータを見たり、書籍や文献を見ている中にヒントがありました。

　それは、顧客の商品選択についての話でした。

【スーパーマーケットでジャムを販売する事例】
棚に１つしかジャムがないと、顧客は選択ができないので購買率はきわめて低い。顧客は複数から選択したい。では、選択肢が多ければ多いほどいいのかというとそうではない。10種類以上のジャムがあると、かえって購買率が低下する。

　この事例から分かるのは、**最適な選択肢数**があるのではないかということです。この仮説を検証するために、「個人顧客」へ「紹介」した「企業顧客」数で、契約率を見てみました。きれいにピークがあることが分かりました。**つまり、アドバイザーは、「個人顧客」に対して、このピーク近傍の数だけ「企業顧客」を紹介すればいいのです。**
　これで、現場のアドバイザーにやってもらうことが決まりました。

On 「介入」現場に動いてもらう

　しかし、大きな問題が残っています。Goalは100億円の売上です。現場のアドバイザーにとって、100億円という数値は何のリアリティもありません。しかも、ワクワクしません。
　現場のアドバイザーにとって、この「ワクワクしない」は致命的です。
　そんな時、社内報で取り上げられたアドバイザーの言葉が目に飛び込んできました。「私たちは顧客の幸せを作っている」という内容でした。「これだ！」と思いました。
　つまり、100億円ではなく、私たちが「契約」に貢献できた「個人顧客」の数は、「幸せにできた顧客数」と言い換えてもよいわけです。
　そこで、100億円の売上が出た時の契約顧客数を計算し、その数値を丸めて、その数を私たちのGoalと置いたのです（たとえば、10万組といった具合です）。この数値を作った上で現場のアドバイザーとコミュニケーションをとりました。
　私たちは「法人顧客」の担当者をよく知っている。3社紹介すれば、個人顧客は選択肢も増え、契約する場合はこの3社から選んでくれる可

能性が高くなる。結果、私たちが顧客の幸せに貢献できる可能性も高まるというわけです。

　これで、現場のアドバイザーたちは動いてくれました。

　そこで「**3 社紹介を〇組**」という KPI を最終的に設定することになりました。

Post　振り返り

　このプロジェクトはすごくうまくいきました。前述のように、このビジネスは「契約」するまで「相談」から半年程度かかります。したがって、3 社紹介を始めても、最初の数か月は大きな成果は出ません。その間は我慢比べの部分がありました。

　しかし、6 か月経つまでにも、小さな兆しは出てきます。その兆しをつかんでは、現場に共有し、私たちの施策は正しいのだと、現場を鼓舞し続けました。

　3 社紹介することで、検討期間が長くなるのではないかと危惧されました。しかし、実際はそのようなことは起こりませんでした。結果、6 か月後から「成約」する CVR は向上しだしたのです。

　現在この組織では、この紹介数増加や 3 社紹介のような、紹介の量と質の向上はある程度うまくいったので、次の CSF を強化することをしています。

図13　事例①まとめ 成約課金ビジネス

Pre1
現状把握
. . . .

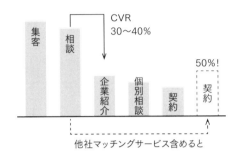

ベストプラクティスを調査したところ…

60%が
自社サービス
による
マッチング

契約数

契約までのCVRを
50%×60%＝30%
まで向上する余地あり

CSF＝「紹介」数を増やす

Pre2
解釈
. . . .

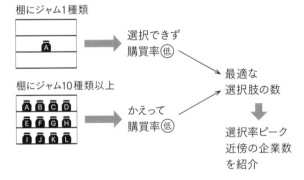

棚にジャム1種類

選択できず
購買率(低)

棚にジャム10種類以上

かえって
購買率(低)

最適な
選択肢の数

選択率ピーク
近傍の企業数
を紹介

On
介入
. . . .

「3社紹介を○組」というKPIを設定

Post
振り返り
. . . .

実施6か月後から成約のCVR向上

事例②
グループの戦略IT子会社

──┤ ビジネスの概要 ├──

　グループ全体でのIT強化の流れの中で、戦略IT子会社を設立。対象範囲は、社内IT、社内インフラ、商用インフラ、商用サービス開発、商用サービスエンハンス開発、セキュリティ、ビッグデータ分析、研究開発など多岐に渡る。社員に加えて、社員の数倍の人員の常駐エンジニアをパートナー企業から受け入れ、一体となり開発している。

│　GoalとKGI　│

同グループが「ITで勝つ」を実現する。
※当初、Goalは不明確。KGIも未設定。

「ITで勝つ」の定義とは？

　このケースでは、Goal、KGIとも不明確な状態からスタートしました。グループのCEOもなんとなくGoalのイメージはあるのですが、具体的な数値や、そこまでの道筋などが不明確でした。
　そこで、「ITで勝つ」という状況を定義することから始めました。まず、そもそも「ITで勝っている状況とはどのようなものなのか？」をイメージします。同グループでは次々にITベースで商用サービスが開

発されているのですが、なかなか具体的なイメージがわきません。

　悶々としている中、偶然、ソフトバンクの孫正義さんの講演で次のような話を聞きました。

「経済産業省のホームページに日本の国力の式があります。日本の国力＝生産者人口×生産性です。日本の労働人口は減っていくので、IT で生産性を高める。その IT がロボットなんです。しかもロボットは寝ないので、生産者人口の代替もできるのです」

　「IT で勝つ」とはどういうことかを悶々と考えていたので、この話を聞いてピンときました。「国力＝労働者人口×生産性」という式で表されるのであれば、企業も**「IT 力＝ IT 人材の数×生産性」**という式で表すことができるのではないかという仮説です。

　そこで社内外の IT 関連の有識者にこの仮説をぶつけました。10 人ほどに話を伺ったところ、8 人は「この式でいいのではないか」と賛同いただけました。つまり筋がよい仮説だという評価です。

　残りの 2 名からはさらにいいアドバイスをもらいました。

「IT 人材は、優秀な人と普通の人の差が他の職種よりも大きい。10 倍から 100 倍あると言っても過言ではない」

　差が大きいということは、生産性がかなり違うということになります。つまり、**企業の IT 力とは、「（優秀な）IT 人材の数」に相関がある**ということなのです。ということは、優秀な人材を採用できれば、IT 力が向上するということが分かりました。

　つまり、Goal は**「優秀な IT 人材を大量に採用する」**です。

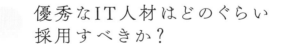

優秀なIT人材はどのぐらい採用すべきか？

　次に、では、どれくらいの人数の優秀な IT 人材を採用すればよいかを検討しました。なかなか難しい命題です。

　ここはいわゆるフェルミ推定で概算することにしました。今後予定さ

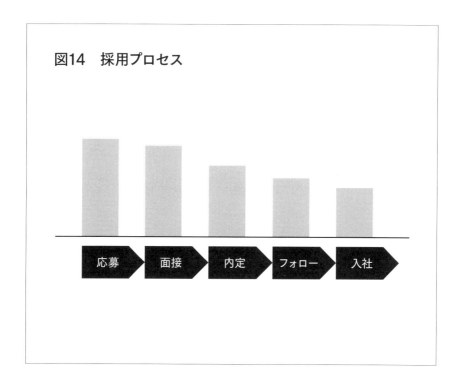

図14　採用プロセス

応募　面接　内定　フォロー　入社

れている開発とそれに必要な職種のマトリックスを作成し、推定します。制約条件として、会社の受入れ体制も考慮しました。当時の従業員数は約150名です。「最大でこの人数」という前提で、毎年100名以上、3年で400名の増員計画を立案しました。

つまり、**KGI は「3 年で 400 名の IT 人材を増員すること」**です。

Pre1　「現状把握」CSF特定

3か年で400名のIT人材の採用をするために、図14のように採用プロセスの図を作ってみました。時間軸順に左から「応募」→「面接」→「内定」→「フォロー」→「入社」。こちらも、実際のプロセスはもっと複雑ですが、まずはざっくりと流れを示す図を作ります。この矢羽根の上に棒グラフを立てて、採用ステップごとの歩留まり（CVR）を把握し

図15　穴の空いたバケツモデル（採用活動）

バケツの中の水（従業員）を増やすには

① 蛇口からの水を増やす
　「応募」数を増やす

② 蛇口からこぼれる水を減らす
　「面接」→「内定」→「入社」のCVRを
　高める

③ バケツの穴を小さくする
　「離職」率が低いままを維持する

ます。
　私が担当した直後は、そもそも「応募」の母集団が少ない状況で、さらに「面接」から「入社」までの歩留まりもかなり低いという問題がありました。加えて、採用数を増加できても、退職者数が多いと、いわば図15のような「穴が空いたバケツ」状態です。幸い離職率は低かったのですが、大量に人材が入ってくると、楽観視はできませんでした。
　手を打つべき方策は大別すると次の3つでした。

① 「応募」数を増やす
② 「面接」→「内定」→「入社」のCVRを高める
③ 「離職率」が低いままを維持する

　1つ目の事例と同様に、①「応募」数増加と②のCVR向上は、②か

らやるのが王道です。CVR を向上できると、必要な応募数も少なくて済みます。たとえば「面接」→「入社」の CVR が 10％の場合と 40％の場合の必要な「面接数」は 4 倍違います。

100 名採用する場合、「面接」→「入社」の CVR が 10％の場合、必要な「面接数」は 100 ÷ 10％＝ 1000 名となります。同じく CVR が 40％の時は、100 ÷ 40％＝ 250 名の面接で済むわけです。

②の CVR 向上をすることができれば、かなり効率的であることが分かります。

「応募数」を増やすための施策

ちなみに①の「応募数」を増やすには、「企業の認知度」を向上させ、「就業意向」を高める必要があります。しかし、「企業の認知度」を高めるには大きなコストが必要です。しかも我々は IT 人材のみにターゲットを絞っています。そこで、IT 人材が利用するメディアやイベントに絞り、広報を行うことにしました。

加えて「就業意向」を向上させるために、さまざまな人が活躍している事例を、広報することにしました。そして、IT 人材のモニターに対して、定期的に「企業認知度」と「就業意向」をアンケートすることで、状況把握を行いました。こちらは、イメージが持てましたし、実際にイメージ通りに進捗しました。

IT メディアに多くの IT 人材を載せると、認知度と意向度がみるみる向上しました。認知度が 3 〜 4 倍になり、意向度も 3 〜 4 倍になると、応募者は 10 倍近く増加しました。

ここは、前述のようにイメージが持てた、つまり一番弱いところではありません。ですので CSF ではないのです。

「離職率」はCSFになりえるか？

同じく離職率もそうです。IT 人材がなぜ辞めるのか。無駄な会議や

レポートを書かずに、尊敬できる上司や仲間と仕事ができればよいはずです。

そこで、組織構造をガラッと変えました。「尊敬できる上司や仲間といられる組織は何か？」と考えた時、それは「職種別組織」がよいのではないかという考えにたどり着いたのです。

外部の私から見るとよく似た職種に見えるものの、本人たちにとっては全然別の職種なのです。組織変更をなかなか納得してくれない関係者には、次のような空手家のたとえ話で説明しました。

同じような白い道着を着ている空手家がいます。ところが、ある人はフルコンタクトで、ある人は接触なしの組手だけ、そしてある人は演武といったケース。私たちから見たら外見から差異は分かりません。

そして、それぞれ同じ流派の人が集まることで切磋琢磨できます。これは当時のデータサイエンティストでも同じでした。流派があるのです。それをごちゃまぜにすると派閥争いが起きます。

そこで、職種別、しかも空手でいうと「我々はフルコンタクトなんだ」と、明確にしました。そのトップを執行役員にして、社内外に私たちが目指していることを分かりやすくしたのです。

会議やレポートも職種別にすることで、簡易化できます。さらに職種別組織のトップの執行役員に対して、さまざまな権限委譲をすることで、組織内のコミュニケーションはいっそう簡便かつ円滑になりました。

もちろん何かを変えると副作用はあります。しかし、その副作用を分かった上でも、大きなメリットが想定できました。

これもイメージ通りで、実際に効果はてき面でした。

ということで、つまり、離職率も一番弱いところではありません。つまりCSFではなかったのです。CSFはいったいどこにあるのでしょうか？

CSFは一番弱いところにある

結論として一番弱いのは、②「面接」→「内定」→「入社」のCVR

を高めることでした。これを向上させるイメージがわきません。

　しかし、あるメタファーから想像できました。それは恋愛やプロポーズです。採用活動は恋愛にたとえられることがあります。恋愛同様、企業と個人のお互いが好きになれば入社するからです。

　では、採用が恋愛やプロポーズだとすると、何を意識すればよいのでしょうか。それは「ライバル」です。私たちは優秀なIT人材を採用したいわけです。これは恋愛でいうとモテモテの男女です。しかし、世界にはGAFAM（Google・Amazon・Facebook・Apple・Microsoft）に代表される超モテモテ企業があるわけです。これらがライバルです。

　当時の私たちでは、これら超モテモテ企業が出てきては太刀打ちできません。どうすればよいのか。かの兵法で有名な孫子はおっしゃいました。「戦略」とは「戦いを略すこと」つまり、戦わずして勝てば一番よいのです。

　では、具体的にどうすればよいのか？

　戦わずして勝つには、彼らGAFAMがプロポーズする前に、プロポーズしてしまおうと考えました。彼らがプロポーズすると負けてしまうかもしれません。しかし、その前にプロポーズできれば勝てる可能性が高まります。

　つまり、「採用活動のスピード」がCSFなのではないかと考えました。理屈上はこれで合っているはずですが、自信はありません。**こうした「これを強化すればいいけれど、まだ不確かなもの」。これがCSFです。**

Pre 2　「解釈」KPI設定

　採用選考のプロセスを短縮することで、採用CVRが向上する仮説が立ちました。採用選考を短縮すると話すと、乱暴な選考をすると勘違いをする方がいます。もちろん、そのようなことはしません。

　次ページの図16のように採用選考プロセスを今まで同様に矢羽根で描くと、「面接設定」に時間がかかっていることが分かりました。

　では、どうすればよいのか。面接に入る前に、面接官が次の面接官の

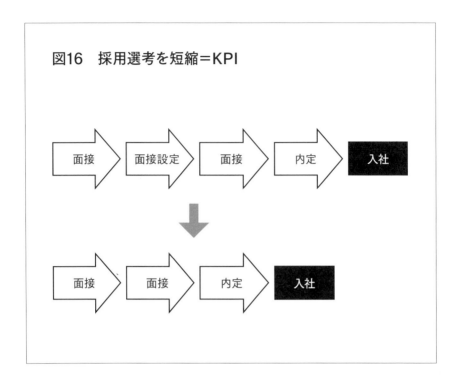

図16　採用選考を短縮＝KPI

面接　→　面接設定　→　面接　→　内定　→　入社

面接　→　面接　→　内定　→　入社

スケジュールを確認し、最初の面接時に次の面接日時を設定してしまうことにしました。極端な例では、その日に次の面接官の時間が空いていれば、面接官にそのまま来てもらうケースもありました。

　私たちは、他企業のベストプラクティスを調べ、それをTTPすることで**選考期間の半減**をKPIとして設定しました。ベストプラクティスに対して、当時の私たちは2倍の選考時間をかけていたことが分かりました。しかも、その大半は、面接の日時設定に時間がかかり、次の面接日までの日程が空いていたことが理由だったのです。

On　「介入」現場に動いてもらう

　採用活動強化のため、現場には次の2つの話をして、納得したうえ協力して動いてもらいました。

1つは、グループ全体から期待されていることを伝えました。グループ全体でIT強化に舵(かじ)を切る時に、それを推進するのが我々であるという話です。誇らしいものです。

　もう1つは、万が一それが実現できなかった場合、我々の会社のグループ内でのプレゼンス（存在意義）が低下するということを伝えました。

　グループ全体はITに舵を切りました。現在は我々が、その重要な役割を期待されています。しかし、それを我々が担えない、実現できないのであれば、当然代替策を検討します。そして、その代替策で効果が出れば、我々の存在意義は大きく低下するという意味です。あまり好ましい方法ではありませんが、いわば「背水の陣」の状況をつくりました。

　加えて、IT人材は最先端の技術と接していることが大好きです。いわゆる管理の仕事、管理職になるのを好んでいない人が多い特徴があります。つまり、マネジメントが苦手な人が多いのです。苦手な人に管理職として管理できる人数は限りがあります。そこで、1人の管理職が持つメンバーの上限人数を設定しました。

　その部署で必要なメンバーの人数を、1人の管理職が持つメンバーの上限人数で割り算すると、必要な管理職の人数が計算できます（次ページの図17参照）。

　つねに1年後のメンバーの人数から逆算して、登用しないといけない管理職の人数を予測できます。そして、私が管理職になるためのスキルを指導することで、管理職の品質を担保していきました。

Post　振り返り

　結果、すごくうまくいきました。前述のように、この組織では3つの課題がありました。

① 「**応募**」数を増やす
② 「**面接**」→「**内定**」→「**入社**」のCVRを高める
③ 「**離職率**」が低いままを維持する

それぞれの仮説を一気に進めることができました。

　私のKPIマネジメントでは、CSFを1つに絞ることを勧めていますが、その理由は、現場に複数のことを依頼しても、現場が取捨選択してしまうからです。

　ところが今回は、①は社外広報、③は人事マターでした。現場に動いてもらうのは②だけです。しかも不確かさもこれが一番高かったのです。

　この②の採用スピードを2倍にするのが実現できたことと、応募者、就業意向者が大幅に向上したことがあいまって、大量採用に成功しました。

　加えて③を実施したことで、大量採用しながら、逆に離職率も低減でき、必要な採用数を減らすことさえできたのです。

図17　必要な管理職の人数の計算方法

必要な管理職数	=	必要なメンバー数	÷	1人の管理職が持つメンバー上限の人数

図18 事例②まとめ グループの戦略IT子会社

ITで勝つとは？

$$IT力 = \boxed{IT人材の数} \times 生産性$$
$$\underset{優秀な人材の数}{=}$$

Goal ＝ 優秀な人材を他社より先に採用する

Pre1
現状把握
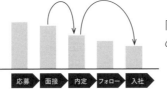

「面接」→「内定」→「入社」
のCVRを高める

⬇

これが **CSF**

Pre2
解釈

KPI＝採用選考プロセスのスピードを2倍にする

On
介入

「グループ全体のIT強化のための施策であり
グループ全体から期待されている」

⬇

このことを現場に伝えて背水の陣の状況をつくる

Post
振り返り

① 「応募」数を増やす＝ 広報
② 「面接」→「内定」→「入社」のCVR向上＝ 現場
③ 低い離職率を維持＝ 人事

⬇

現場で動いてもらうのは②だけ＝シンプル◎

事例③
サブスクリプション・
モデルのビジネス

---| ビジネスの概要 |---

　サブスクリプション・モデル（以下サブスクと略す）のビジネスとは、スポーツジムなど毎月定額の利用料を収入源とする会員制ビジネス。同社は首都圏を中心に20か所ほどの店舗を展開している業界中位企業。

　すべての業界で起きていることだが、今後大手企業の寡占が進むことが想定されている。同社も規模を拡大し、大手企業の一角に入ることが必須。加えて、時代の変化に合わせて新サービスの提案が求められている。研究開発の結果、幸い競争力があり、顧客価値が高い新サービスを開発できた。

---| GoalとKGI |---

　将来は新サービスを全店舗に展開できるようにする。

　短期には、①既存50店舗のさらなる収益化、②新サービスの収益化を目指す。5年で売上200億円規模、営業利益10%前後を実現する。

Pre1　「現状把握」CSF特定

ここでもまずは、ビジネスプロセスを図19のように矢羽根で表現し

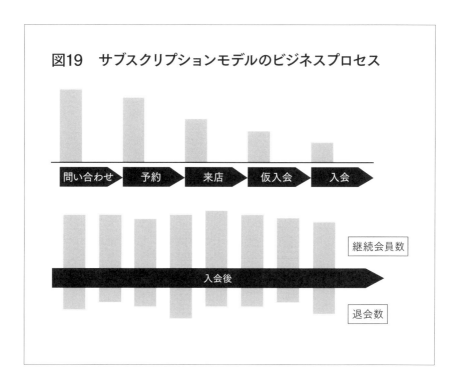

図19　サブスクリプションモデルのビジネスプロセス

問い合わせ　予約　来店　仮入会　入会

継続会員数

入会後

退会数

てみます。時間軸順に左から「問い合わせ」→「予約」→「来店」→
「仮入会」→「入会」となります。WEBから入会される方、予約せず
に来店する方、仮入会しない方など実際のプロセスはもっと複雑ですが、
まずはざっくりと図を作ります。

　入会後は、「継続」する会員、「退会」する会員の2パターンになりま
す。これが、サブスクモデルの特徴です。

　売上を増加させるには、継続会員数を増加させる、そして継続期間を
長くすることの2つがポイントです。この矢の上に棒グラフがあります。
この棒グラフから、ビジネスステップごとの歩留まり（CVR）が把握で
きます。

サブスクモデルの業績拡大の
王道ステップ

　この手のサブスクビジネスの業績拡大には、基本的な王道のステップ
（順番）があります。

①退会率を改善する
②入会率を改善する
③集客を強化する

　このステップを間違うと、収益改善ができません。図20をご覧くだ
さい。これは、「穴の空いたバケツモデル」と表現される図です。採用
活動のところでも出てきましたね。バケツの中の水の量が「会員数」を

図20　穴の空いたバケツモデル（会員制ビジネス）

バケツの中の水（会員）を増やすには

① 退会率を改善する
　バケツの底から出ていく水の量を減らす

② 入会率を改善する
　入る水の量を増やす

③ 集客を強化する
　バケツの上部から入れる水を増やす

表しています。

　このバケツの水の量は3つの変数により決定します。

①バケツの上部から入れる水の量
②入る水の内バケツの外に出ていく水の量
③バケツの底の穴から出ていく水の量

　バケツの中の水の量を増やすには、バケツの上部から入れる水の量は、できる限り多い方がいいはずです。バケツの外に出ていく、穴から出ていく水の量は、できる限り少ない方がいいはずです。

　この3つの項目のどれもが重要な要素です。

　そして、上述の「集客を強化する」とは「バケツの上部から入れる水の量を増やす」ことです。「入会率を改善する」とは、「そのうちの入る水の量を増やす」こと。「退会率を改善する」とは、「バケツの底から出ていく水の量を減らす」ことです。

　どれも重要なのですが、上述のように順番があるのです。

　繰り返しになりますが──

①退会率を改善する＝バケツの底から出ていく水の量を減らす
②入会率を改善する＝入る水の量を増やす
③集客を強化する＝バケツの上部から入れる水の量を増やす

　この順番が重要なのです。なぜでしょう？

　③の「集客を強化する」は、一般的には集客費の投資が必要です。ところが、集客をしても入会につながらない。あるいは、入会しても次々に退会していくといったことが起こると、2つの問題が生じます。

　1つは集客効率が悪いので大きな集客投資が必要になり、利益を圧迫することになります。

　もう1つは、働いている人たちのモチベーション（やる気）を悪化さ

せるのです。それはそうですよね。自分たちのサービスを会員が評価していないのです。それでは頑張れません。

　このような事態を起こさないためにも、まずは①退会率を改善する。そして、②入会率を改善する。これらが実現した後に、③集客を強化する。

　これがサブスクビジネス強化の王道です。

なぜ、退会率の改善はないがしろにされがちなのか？

　しかし、企業の実際では、「③集客を強化する」と「②入会率を改善する」を中心に実行していて、「①退会率を改善する」をないがしろにしているケースが散見されます。

　散見というと前向きに表現し過ぎで、もしかすると大半の企業にあてはまるかもしれません。たとえば、「③集客を強化する」は集客やマーケティング部門が責任を持っています。「②入会率を改善する」も現場やコールセンターが責任を持って実行します。ところが、「①退会率を改善する」については、責任の所在があいまいなのです。専門の部署がないことが大半です。

「①退会率を改善する」場合、具体的な手法が分かりにくいことも、ないがしろにしてしまう原因の1つかもしれません。

　会員が退会を申し出た際、退会を思い留めるのはかなり難易度が高いでしょう。これは、いわば会社を辞めると決めた人を説得するようなもの。10%でも残ってくれれば十分です。

「顧客満足度を高めれば、退会率は下がるはずだ」

　こういう意見がありますが、どうでしょうか。それはそうなのですが、定期的に顧客満足度を把握するのも難易度がとても高いのです。

　もちろん顧客満足度とロイヤルティ（継続率）は相関があるのですが、図21のようにいろいろなケースがありえるのです。代替の有無などで

も影響を受けます。顧客満足度を高めたからといって、別の理由で退会するといったケースも少なくありません。

退会する会員の属性を調べる

そこでまずは、どのような人が退会するのか、分析を行いました。性別、年齢、店からの距離、来店方法、入会動機、認知チャネルなど、さまざまなデータ分析をしました。しかし、大きな差異はありませんでした。

その中で、理由は分からなかったのですが、**冬に入会した人の退会率が高いこと**が分かりました。また、**退会は入会から最初の数か月である**ことも分かりました。つまり数か月継続すると、退会しないという事実です。

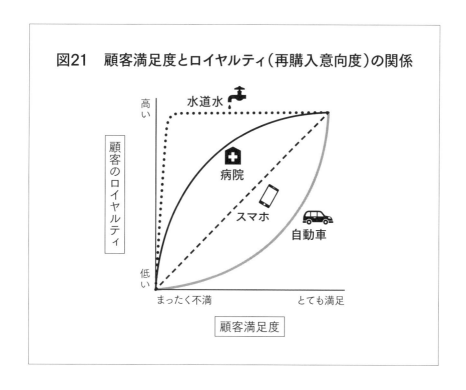

図21　顧客満足度とロイヤルティ（再購入意向度）の関係

そして、**退会する方は利用回数が少ないこと**も分かりました。そうすると、冬の退会率が高いことも納得できます。

冬になると外に出るのがおっくうになります。どうしても利用回数が少なくなりがちです。そして、利用回数が少ないと、月会費を支払う際に「無駄なお金を使っている」という意識になり、退会するという仮説が思い浮かびます。

あくまでも仮説ですが、なんとなく勘どころが分かってきました。

Pre 2　「解釈」KPI設定

退会しやすいのは最初の数か月です。そして退会するのは利用回数が少ない会員です。そして、最初の数か月の利用回数が多い会員は継続率が高い。ということは、最初の数か月の利用促進ができれば、退会率は改善するという仮説が立てられます。

次に考えるべきは、**どうすれば最初の数か月（例えば初月）の利用の促進ができるか**という点です。たとえば「入会」した当日に施設を利用してもらえれば、初月利用のゼロを防ぐことができます。また、「入会」した当日に、次回の利用日を予約してもらえば、同じく初月利用ゼロを防ぐことができます。

予約した日に来館してもらえない場合、連絡の取り方を会員と事前に決めておけば、次回の来館予約を設定できます。これらにより、入会時の来館促進ができれば、結果として利用回数が少ないのを減らせ、数か月後の退会数を減少させられる仮説が立てられたわけです。

On　「介入」現場に動いてもらう

上述の利用回数が多い会員は退会率が低いというのは、現場の人たちにとっても理解しやすい話です。しかし、入会してもらう、あるいは退会の打診が来た会員を水際で継続利用いただくといった分かりやすい施

策と比較すると、かなり地味なのです。

　当日の利用促進、次回の利用日程を確定する。これをしたからといっても、すぐには成果が出ません。利用促進をして、退会率が改善するのは数か月後です。**数か月は成果が見えない地味な活動をひたすら継続し続けないといけないのです。だから、上述のように、この「①退会率を改善する」を実行できている組織が少ないのです。**

　今回のケースでは、幹部従業員とこの意義を共有し、各幹部従業員が自店舗のメンバーときちんと対峙して、説明をしてくれました。

　加えて、テレビ会議（ZOOM）や情報共有ツール（team Takt）などを駆使して、プロジェクトで話されている内容を直接現場の従業員に伝わるように心がけました。

　これらの地道な活動を通じて、現場での初月利用促進を行い、初月ゼロ回利用者をゼロにすることを KPI と設定しました。

Post　振り返り

　地道に毎週毎週ゼロ回利用者をリストアップして、その方々に対して連絡をして、利用促進をするわけですが、これはとても地味な作業です。しかも、その成果は数か月後にしか出ないのです。継続力のある組織でないと、実行できません。

　紆余曲折はありましたが、何とかかんとか3か月継続的に、ゼロ回利用者を減少させることができました。

　そして、4か月目にようやく前年比で退会数が大幅に減少しました。うれしくて思わず声が出たのを覚えています。しかも、この3か月、現場で完璧にゼロ回利用を削減できたわけではありません。地道な作業ですので、どうしても優先順位が下がります。当然です。現場には、他にもやるべきことがたくさんあります。

　誰もが成果が出ることは理解できます。しかもその成果がすぐには出てきません。おそらく現場での優先順位は低かったでしょう。結果、現場での徹底度合いは不十分でした。**ところが、十分徹底できていないに**

もかかわらず、成果が出た。ということは、この活動を強化できれば、さらなる退会数の減少が見込めます。

これでバケツの底の穴を少し防げました。しかも、最も地味で効果が分かるまで時間がかかる課題解決の目途がたちました。実際、この月をきっかけに、毎月退会数が減少し続けています。

もう1つのPre 1　「現状把握」CSF特定

さて、1つめのCSF「①退会率を改善する」でよい兆しが出はじめ、安定的に改善してきました。引き続き「①退会率を改善する」は継続していくのですが、全体のビジネスプロセスの中で、ここがCSFではなくなりました。**次のCSFは「②入会率を改善する」です。**

何とかして、この「②入会率を改善する」方法を見つければよいわけです。この「②入会率を改善する」は、すでに取り組んできた「①退会率を改善する」と比較すると目の前で成果が出ます。数か月経たないと結果が見えてこない「①退会率を改善する」に比べて、現場のモチベーションは高めやすいでしょう。

もう1つのPre 2　「解釈」KPI設定

もちろん、何をすれば「②入会率を改善する」のかを見つける必要はあります。**この場合、ハイパフォーマー（優秀な人材）とミドルパフォーマー（平均的な人材）の活動を比較することで見つけられることが多いです。実際、同社でもそうでした。**

図22のように、ミドルパフォーマーの接客は、「**①施設見学**」→「**②感想ヒヤリング**」→「**③入会について**」というフローでした。

ところがハイパフォーマーの接客フローは、「**①施設見学**」→「**②入会時期の確認**」→「**③感想ヒヤリング**」というものでした。つまり2つめのステップと3つめのステップが違っていたのです。ハイパフォーマーは、「**①施設見学**」をした後に、「**②入会時期の確認**」をしています。

これは、利用者が「入会」する前提で「いつ」入るのかを確認しているわけです。「今日から利用するのか」「来週から利用するのか」ということを確認していました。**これは、前のCSFであった「①退会率を改善する」活動でもあります。1粒で2度おいしいわけです。**

　一方、ミドルパフォーマーは、「②感想ヒヤリング」→「③入会について」という接客フローでした。

　利用者の「②感想ヒヤリング」をするのは、ある意味当たり前のように感じます。しかし、感想をヒヤリングすると細かい不満があるケースもあるかもしれません。

　しかも、不満を口に出すと、実はたいした不満ではないのに、それが気になる可能性も少なくありません。そして、その小さな不満に対して解決策を説明したり、思い付かなかったりするケースも想定されます。要するに無駄なコミュニケーションが起きるわけです。

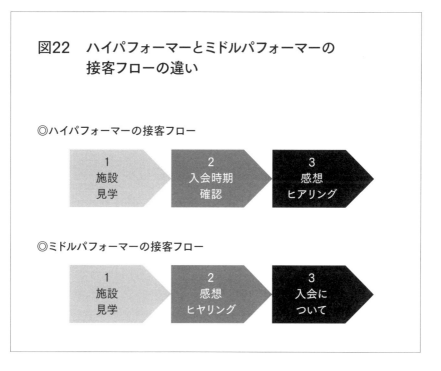

図22　ハイパフォーマーとミドルパフォーマーの
　　　接客フローの違い

◎ハイパフォーマーの接客フロー

| 1 施設見学 | 2 入会時期確認 | 3 感想ヒアリング |

◎ミドルパフォーマーの接客フロー

| 1 施設見学 | 2 感想ヒヤリング | 3 入会について |

一方のハイパフォーマーは、「**そもそも来館して施設利用しているお客さんは、よっぽどの不満がない限り、入会したいはずだ**」と仮説を立てているわけです。だから、いつから入会して、利用するかを確認します。

　しかし、ミドルパフォーマーはそうではありません。正確に表現すると、そこまでの洞察や仮説を持たずに接客しているのです。そこに大きな差異があることが分かりました。

On 「介入」現場に動いてもらう

　しかし、現場のミドルパフォーマーに、「あなたの接客には洞察や仮説が不足している」と声高に叫んでも意味がありません。そんなことをしたら、現場から総スカンを食らう可能性もあります。

　そのような場合は、百聞は一見にしかずです。ハイパフォーマーの接客場面をムービーにして見てもらえばよいのです。ハイパフォーマーは、ミドルパフォーマーが想像する以上に、丁寧に自然に接客しています。実際、接客された顧客の納得度もとても高いのです。

　ハイパフォーマーのムービーを見るだけでも効果はあるのですが、このムービーを元にミドルパフォーマーがロールプレイングをすれば、さらに効果倍増です。

　かつてはムービーを作るのも一苦労だった時代がありました。しかし、現在ではスマホで十分満足できるレベルのムービーを作ることができます。活用しない手はありません。

Post 振り返り

　実際、同社でも、ハイパフォーマーの接客フローを全店舗で横展開することで入会率が向上しました。これで、「穴の空いたバケツ」の底の穴は埋まり、バケツの上から水を入れた場合、バケツの中に入る水の割合を増加させることができました。

図23　穴の空いたバケツモデル（会員制ビジネス）の比較

問合せ	入会率	1か月	2か月	3か月	継続率	4か月	5か月	6か月	7か月	8か月	9か月	10か月	11か月	12か月	1年合計	会費	売上
100	50%	50	50	50	50%	25	25	25	25	25	25	25	25	25	375	1万円／月	375万円
100	60%	60	60	60	60%	36	36	36	36	36	36	36	36	36	504	1万円／月	504万円

50人×3か月＝150人　25人×9か月＝225人

+10%　+10%

60人×3か月＝180人　36人×9か月＝324人

+34%

入会率と退会率をそれぞれ10％改善することで1年で34％の売上増加！

　念のため、図23を見ながら、この順番にはどのような意味があるの
か、数値で把握してみましょう。たとえば、バケツの上から水を100
入れます。そのうち50％がバケツに入り、3か月後に半分になる場合
とバケツに60％入り、3か月後に60％残ってくれる場合を比較します。
　比較するモデルを簡単にするために、退会は4か月後に一気に退会し、
それから12か月までは同じ数の会員が残るとします。
　つまり、前者の場合、100人の入会希望者が来館し、入会するのは
50人です。そして3か月まで同じ50人が利用してくれます。延べ利用
者数は50人×3か月＝150人。4か月目に半分になりますので、4か
月から12か月目までは25人が利用します。延べ利用者数は25人×9
か月＝225人。合計の延べ利用者数は、150人＋225人＝375人です。
毎月1万円の会費だった場合、**年間の売上は375万円**です。
　後者も同様に計算すると、入会は60％ですので初月から3か月までは、

毎月 100 人 × 60％で 60 人が新規会員。そして 3 か月の延べ利用者数は 60 人 × 3 か月 = 180 人。そして 4 か月に 60％が残ってくれるので 4 か月から 12 か月目の 9 か月の延べ利用者数は 60 人 × 60％ = 36 人で、36 人 × 9 か月は 324 人。合計の延べ利用者数は 180 人 + 324 人 = 504 人となり、**年間の売上は 504 万円**です。

　前者と後者を比較すると、**504 万円 ÷ 375 万円 = 134％**。

　入会率と退会率をそれぞれ 10％ずつ改善するだけで、実に 34％も売上を増加させることができるのです。

　これは、入会の問い合わせが同じだった場合のモデルで計算しました。入会率の改善と退会率の改善は、内部の努力で改善できます。売上増の大半は利益増につながります。その増加した利益分から集客増加のために投資を行えば、問い合わせを増加させることにつながり、さらに売上が増加する計算になります。

　その場合の前者と後者の差額はさらに大きくなります。

　穴の空いたバケツモデルを改善するには、3 つやるべきことがあります。しかし、上述のように、**そのステップ（順番）を意識するかしないかで、収益へのインパクトは大きく異なるのです。**

図24　事例③まとめ
サブスクリプション・モデルのビジネス

Pre1
現状把握

サブスクモデルの業績改善王道ステップ

① 退会率を改善
② 入会率を改善
③ 集客を強化

これが
CSF

退会する会員の属性を調べると…

属性❶ 冬に入会した人の退会率が高い
属性❷ 退会は入会から最初の数か月
属性❸ 利用回数が少ない

Pre2
解釈

KPI＝入会した会員の初月利用ゼロをなくす

もう1つの Pre1
現状把握

CSF＝②入会率を改善

もう1つの Pre2
解釈

ハイパフォーマーとミドルパフォーマーの活動を比較

接客フローに違いがあった

On
介入

ハイパフォーマーの接客をムービーにして
共有＆ロールプレイング

Post
振り返り

+10%　　　　　　　+10%
（入会率の改善）＋（退会率の改善）

売上が34％増加

事例 ④
大手物流業

ビジネスの概要

　主な業務は物流・倉庫業。現在は同社の資産を活用した総合物流業を志向している。一部不動産を保有し、収益を確保している。並行して新規事業を立ち上げることで、第三の柱を作ることを模索している。

GoalとKGI

　前期は収益目標未達成で、今期の収益目標達成と中長期で売上1000億円、営業利益100億円を目指す。

　この会社は、数年前から経営企画部の号令のもと、10部門それぞれで、重点項目を8〜10ピックアップしていました。そして、重点項目ごとに、その内容と1年間のスケジュール達成を測定するための数値目標を設定していました。

　全社10部門合計で100弱の重点項目を管理している計算になるわけです。これだけの数値を把握するのは大仕事です。同社では、これをKPIと言っていました。しかし、2年連続で営業利益目標に達しなかったことから、私に相談がやってきました。

Pre 1 「現状把握」CSF特定

　100弱の重点項目を管理しているのは、ある意味素晴らしいことです。しかし、これを全社で管理するのはかなり無理があります。実際、約100の重点項目のうち、スケジュールと数値目標の両方に何らかの内容が入っているのが約70重点項目。20の重点項目は数値目標が空欄。10弱の重点項目では、スケジュールも数値も空欄でした。

　では、両方が埋まっている70の重点項目には問題がないのかというと、そうではありません。書かれている中身を見ると、半分程度は、書かれているだけで、内容は疑問符がつくようなものでした。

　そもそも約100の重点項目の中身を埋めるだけでも大変な労力が必要です。ましてや、その中身を精査し、修正するとなると気が遠くなるような作業が必要です。しかも、組織ごとに重点項目を決めるという作業手順にも無理があります。

ゼロリセットできない場合どうするか

　よく組織ごとにKPI設定をするという話を聞くことがあります。
　本来は、戦略があり、組織が決まります。組織は戦略によって変化するはずです。ですので、現組織が戦略に合致しているのであれば問題ないのですが、その戦略との整合性の確認をせずに目標設定をするのは無理があります。あくまでも正論ですが、何かを実行する際には、正論が何かを押さえておくのは、とても重要です。
　これまでの事例で説明したように、一般的なKPI設定では、自分たちのビジネスのプロセスを矢印などで図示し、そこからCSFを特定します。その手順が丸ごと抜けているのです。
　ですので、ゼロリセットして、正しい手順に戻るのが正解と言えます。
　しかし、往々にしてサンクコスト（今までに費やした時間や労力）が惜しいと感じ、ゼロリセットできないようです。

また、ここで方針変更すると、犯人捜しが始まるかもしれません。

では、どうすればよいのか？

繰り返しになりますが、本来は、前述のようにゼロリセットするのが最善です。しかし、その選択肢は取れないようなのです。そこで、約100ある重点項目を活用しながら、CSFを見つける次善の策を取ることにしました。

同社は、不完全とはいえ、100の重点項目を選び出していました。ここにCSFがある可能性は低くないと予想できたからです。

手順は以下のようなものです。各部門長に次のステップを依頼しました。

①担当部署の重点項目にヌケやモレがないか最終確認をする
②各重点項目について全社収益に対しての「重要度」で「高」「中」「低」を付ける
③各重点項目の数値目標達成への「不確かさ」で「高」「中」「低」を付ける
④「重要度＝高」かつ「不確かさ＝高」をピックアップする

「不確かさ」が「高」とは、その数値目標が達成できるかどうか不確かだということです。

経営企画は、全社の各部門長と時間を取り、上記①〜④について確認を行います。そして、各部門で、**「重要度＝高」**かつ**「不確かさ＝高」**の項目を1つ選び出します。もしも、1つの部門で複数ある場合は、できる限り1重点項目に絞り込みます。

次に各部門から選ばれた「重要度＝高」かつ「不確かさ＝高」を並べ、全社横断で一番「重要度＝高」かつ「不確かさ＝高」を選出します。

実際にはトップ3くらいが選出されました。これを経営幹部間で議論し、最終的に1つを選出しました。

これがCSFであり、その数値目標がKPIというわけです。

Pre 2 「解釈」KPI設定

　もともと同社は、数年にわたり、上述のように不完全とはいえ100弱の重点項目を管理していました。過去の結果もありました。ですので、各重点項目の数値目標達成への「不確かさ」で「高」となるものがほとんどありませんでした。逆に「不確かさ」で「高」となるのは、新規事業関連や売上拡大案件でした。つまり、コストをコントロールする関連項目は、ほぼ達成が見えていたのです。

　もちろん、そもそもその数値目標自体が低いので「不確かさ」が「低」であるという可能性は否めません。しかし、今回は、そこまでの精査はしませんでした。なぜならば、実際にKPIを設定する際も、ビジネスモデルを作り、その中で弱い箇所を特定し、そこについて詳細分析はするのですが、他の箇所は詳細分析しないからです。言い換えると、現場の運用や勘を信用したということです。

On 「介入」現場に動いてもらう

　かつても、幹部全員で100弱の重点項目についての確認はしていました。しかし、100弱の項目をきちんと理解するのはかなり難易度が高い。

　今回は、各部門で1つずつ、全社で10項目です。この10項目が全社で重要だという認識も揃いました。さらに1項目（正確には3つ）が全社でも目標達成が不確かなわけです。幹部間の相互理解も容易です。

　しかも、3項目が達成しないと全社の目標達成がおぼつかないことも確認できました。**結果、全社重点項目を達成するために、どうやれば他組織が支援できるのかという会話も始まりました。**

　間接部門である採用部門や育成部門が、それらの全社重点項目の達成のために人材採用、人事異動、人材育成などで、ある意味えこひいきする理由も幹部間でコンセンサスが得やすくなりました。従来であれば、

10 部門横並び、平等であることが重要視されていたそうですから、大きな変化でした。

振り返り

　今回のアプローチは、理想なのかと問われると疑問符が付くことは否めません。しかし、ここまで準備されているケース（各部門で 8 〜 10 の重点項目が見える化されている）であれば、今回のような折衷案がありえるのだというのが私にとっても学びでした。

　ちなみに 100 の重点項目を管理していた時代と現在を比べ、経営上有効な変化がありました。それは、**各種数値を振り返る頻度**です。

　従来は、100 弱の重点項目を設定し、精査し、振り返るのは一大イベントでした。結果、半年に 1 回、経営会議に報告するのが精一杯でした。半年に 1 回の報告では、そこでよくない結果を把握しても、打ち手を検討し、実行するための時間は残り半年しかありません。実際は、準備も必要ですので、それだけの時間は残っていません。

　つまり、100 弱の項目を管理していても、ただ報告するだけのツールになっていたのです。

　しかし、本来の KPI は違います。KPI は KGI の先行指標です。いわば信号です。信号に合わせて、対応を変えないといけないのです。半年に 1 回ではなく、四半期、あるいは毎月信号を見ることができれば、より打ち手が打ちやすくなります。

　100 弱の重点項目を毎月チェックするのは大変です。そもそも 100 個も信号があれば、混乱しかありません。ある信号は赤、ある信号は青という状況を生むべきではありません。

　同社でも半年に 1 回の数値管理が、毎月 1 回、上位 3 項目は必須に、各部署の最重点項目を入れた合計 10 項目も四半期に 1 回確認できるようになりました。

　ここまで準備ができたので、来期は、本来の KPI 設定に移行できればと思っています。

図25　事例④まとめ 大手物流業

Pre1
現状把握

100弱の重点項目を管理　

⇩

無理がある！

そこで…

> ステップ① 重点項目にヌケやモレがないかチェック
> ステップ②「重要度」で「高」「中」「低」を付ける
> ステップ③「不確かさ」で「高」「中」「低」を付ける
> ステップ④「重要度＝高」かつ「不確かさ＝高」を
> 　　　　　各部門から1つピックアップ

⬇

Pre2
解釈

トップ3を選んでさらに1つに絞る

＝

CSF	KPI

On
介入

「全社重点項目を達成するために
どうやれば他組織が支援できるか」がスタート

Post
振り返り

重点項目が用意されていれば
このような折衷案もあり

事例⑤
自動車販売会社

　今回は私が運営している経営塾「中尾塾」での事例です。イケてる会社のKPIマネジメントの事例をもとに、別の会社がTTP（徹底的にパクる）しました。

　「中尾塾」では毎月イケてる経営者をお招きして講演をしてもらいます。ちなみに「中尾塾」の塾生も経営者です。つまり、「中尾塾」は経営者が経営者から学ぶ場なのです。

　今回は、講演者の会社のKPIマネジメントから塾生の経営者が学んだ事例です。両社は全く違う業界です。講演者は私の大学時代からの友人で、50代の自動車輸入会社の経営者。塾生の1人はサブスク型のサービスを提供している20代のIT会社の経営者でした。

講演者の会社のビジネスの概要

　外車を輸入するインポーター。自動車を製造する会社と販売するディーラーの間で日本の市場の業績を最大化することが事業目的。

GoalとKGI

販売単価の向上

　同業他社であるインポーターの顧客を分析したところ、同社の顧客と

同業他社の顧客は同じ程度の年収だということが分かりました。ところが、同社の車の平均単価は同業他社と比較すると2割以上安かったのです。このデータから、単価を大幅に向上させる可能性があると考えました。

　もし、同社が、同業他社と同レベルの車の平均単価にでき、しかも販売台数を維持することができれば、売上は大幅に向上します。しかも、平均単価を上げることができれば、その利益への寄与は大きいわけです。その利益増分を人材投資や設備投資に回すことができます。これにより好循環が生まれます。

1　「現状把握」CSF特定

　同社の車の販売価格が安い理由は、複数の要因がありました。
　同社のイメージは「安心・安全」で、最高の安全装備が装着されています。
　しかし、グレードが低いモデルでは、その最高の安全装備がオプションになっていたのです。つまり、必ずしもすべての車に最高の安全装備が装着されているわけではありませんでした。
　それでは、商品自体にも特徴が打ち出せません。その結果、競合商品と比較されて、値引き販売を強いられていました。グレードが低いモデルを値引きして販売する。しかも、同社自慢の最高の安全装備がついていない。
　これではブランドイメージを毀損してしまいます。
　ではどうすればよいのか？

平均単価を上げるための秘策

　ここで「車そのものを変えればよい」という話になりがちです。商品が悪いから売れないのだという話になるのです。しかし、同社は前述のようにインポーターです。商品を変える権限を持っている自動車メーカ

ーではありません。簡単に商品を変えることはできません。

　おおよそ、この手の話が出る時は、「だから我々の商品が売れないのは仕方ない」という話になりがちです。

　しかし、よく考えると他の方法もあります。**たとえば、低いグレードのモデルを販売しない。**つまり、最高の安全装備がついていない車の販売をしないという選択肢です。**あるいは、低いグレードのモデルも必ず最高の安全装備のオプションを付加して販売するという選択肢もあります。**これならメーカーの許可は不要です。

　従来値引きをしていたディーラーからするとかなり難易度が高く、二の足を踏んでいましたが、結局これを粘り強く、かつスピーディに実行することになりました。

Pre 2　「解釈」KPI設定

　同社は、さまざまな数値を「見える化」しています。いわゆるBSC（バランススコア・カード）の手法を取っていました。そして、全ての従業員100名弱が、何らかの数値に対して責任を持っています。毎月それらの数値を把握し、5％のずれがあれば黄色信号、10％のずれが出ると赤信号というようにしっかり管理しています。

　同社のユーザー100人のうち6人が1年間で同社製品を買い替えてくれるそうです。さまざまな数値を管理している同社の活動の中で、このリピート率を上げるための一連の活動がユニークです。

　自動車は一般的には売り切り商品です。一度購入すると、無料の定期点検以外でディーラーと接点を持つことはありません。最初の新車の車検もディーラーでしないケースさえあります。

　このように顧客接点が少ないと、容易にブランドスイッチ（他社への乗り換え）**が起きます。**しかも、最近の自動車は壊れません。故障などでディーラーを訪問する機会も少ないのです。

リピート率を上げる必要条件と十分条件

そこで、同社はリピート率を上げるには、顧客接点を増やすことが大切だと考えました。もちろん、それは人力だけで実現できることではありません。

ヒントの1つは、「自動車の高機能化」にありました。最近の自動車には、さまざまな高度な機能がついていて、使いこなせないユーザーも少なくありませんでした。使いこなせないことで、小さな不満を持っているユーザーもいるはずです。その小さな不満を早期につぶしておけば、同社の車への満足度が高まるはずです。

そこで、通常半年の無料点検に加えて、3か月点検を加えました。その後、現在は1か月点検を行っているケースもあるそうです。

ここでの目的は、点検よりもユーザーの小さな不満の解消です。ですので、ユーザーにはディーラーに来てもらいます。点検をしている間、ユーザーの待ち時間に小さな不満をヒヤリングして、それらを解消します。これでさらに同社の車を楽しく使えるようになります。

しかし、これだけではリピート率を上げるための必要条件に過ぎません。十分条件は、次のようなデータの中にありました。

ローンの支払いを終えたタイミングで営業すると、通常の営業と比較して成約率が高いのです。しかし、前述のように同社のユーザーは平均年収が高い富裕層です。現金で購入する顧客が少なくありません。現金で購入する顧客には、ローンの支払い終了タイミングがありません。いつでも自由に車を買い替えられます。これでは、ディーラー営業としては、営業タイミングを把握するのが困難です。

しかし、現金支払いできるユーザーにも、ローンやリース販売することができれば、リピート率が高まる可能性があります。

結論として、3か月後にディーラーに点検に来てもらうこと、ローンやリース販売にすることで売上の改善が見込めそうです。両方とも理屈の上では販売契約時のタイミングでできることですが、これを実現させ

るためには現場の意識を変える必要があります。

On 「介入」現場に動いてもらう

　自動車の整備を担当するメカニックの立場を想像すると分かると思うのですが、3か月後にディーラーに点検に来てもらうのは、実は無駄です。実際、半年点検でも消耗品の変更はともかくも、点検で不具合などほとんどないからです。

　半年で不具合がないのですから、3か月であればなおさらです。不具合や故障などほとんどありえないのです。納車時にきちんと整備を行っているのですから当然です。

　もちろん不具合や故障などの可能性はゼロではありません。しかし、忙しい中、無駄だと感じる作業が降りてくるのです。不満の声も上げたくなるのが心情です。

　しかも、ここでユーザーの不満を解消しても、実際にリピートしてくれるのは、3年から5年後。それまでは成果が見えません。成果も見えないのに忙しくなる。

　これを実行するには、かなりのリーダーシップが必要です。

　きちんとこのタスク、今回のケースでいうと「**3か月点検を実行し、小さな不満を解消すること**」が、**顧客満足度向上につながり、結果、リピート購入になる可能性が高まる**というストーリーを丁寧に**現場に説明する必要があります**。実際、同社の経営者は現場にきちんと説明をし、現場に実行してもらいました。

　もう1つの現金払いをローンやリースに切り替える施策は、販売する側にとって難易度はもっと上がります。ユーザーからすれば、好きな方法で購入したいと思うからです。

　そこで同社はリース期間中の補償を充実させた新しいリースプログラムを作成しました。自動車保険不要のリース契約を準備したのです。これにより、ユーザーメリットも生まれました。これならば、営業担当も自信を持ってユーザーに紹介できます。

Post 　　振り返り

　これらの施策を実施して、6年が経ちました。結果は素晴らしいものです。**6年間で同社の自動車の平均単価は2割以上向上し、同業他社とほぼ同じになりました。販売台数は維持どころか大幅に増加。まさにリピート率向上の賜物（たまもの）です。**

　リースの営業もさらに洗練されてきたようです。冒頭に書いたように、同社のブランドイメージは安心・安全です。しかもその安心・安全にかかわる技術は日進月歩で進化しています。2〜3年後にはさらに安心・安全のレベルが加速している可能性があります。

　そこで、**リース切り替えのタイミングで、最新の安心・安全オプションが付加された車に乗り換えるようにユーザーに提案をしました。**しかもリース終了直前に行うのではなくて、車の販売時にするのです。すると、同社の最新の安心・安全の最新装備が出るたびに、「次の車ではこの装備が付きますので楽しみですね」という営業活動ができるようになったのです。

　ある意味、2〜3年前にプレ営業ができるわけです。長足の進歩ですね（詳しくは本村隆之・小沢コージ『最高の顧客が集まるブランド戦略』幻冬舎刊参照）。

STTPでビジネスを加速

　中尾塾の当日は、さらに生々しい質疑応答がなされました。それを受けて、20代の社長が担当しているサブスク型のビジネスでも同様のアプローチで成果を収めました。

　私は毎週、塾生とZOOM（テレビ会議システム）を活用して、グループコーチングをしています。コーチ1人、ファシリテーター1人に対して塾生4人を合計1時間で1週間を振り返ります。毎週進捗を把握できたので、そのスピード感を体感できました。

サブスク型 IT ビジネスの社長は、ほぼ 2 週間で自社ビジネスを矢羽根で整理し、その中でも一番重要な箇所を CSF として特定、1 か月後には KPI マネジメントを実行し始めたのです。

いい事例を他の組織が TTP（徹底的にパクル）するのを、私はいつも奨励しています。そして、自社で運用する中でさらに TTPS（徹底的にパクって進化）させることも奨励しています。きっと同社は、このインポーターの事例を TTPS してくれるでしょう。

少し余談になりますが、TTP には頭に S をくっつけた **STTP** という類似語もあります。これはあまり紹介したことがないのですが、STTP は「**すぐに TTP する**」という意味です。せっかく TTP する対象を見つけたならば、すぐに TTP しないともったいないと思うのです。

このサブスク型の IT 企業はさすがです。スピードの速い IT 業界であることもさることながら、リーダーが若いというのは素晴らしいことです。この 20 代の社長は、このケースに限らず、よい知恵を学んだら、STTP するのです。彼のこのスピード感が中尾塾の他の塾生のスピード感を高めています。

私が在籍していたリクルートに **SIP** という言葉があります。「**Speed is Power**」の略で、「**速いことは力**」という意味です。生産性を高める際に作られた言葉です。STTP することで結果も早く出るため、そこから学ぶことがたくさんあるのです。

より速く、短いサイクルで回転させる

KPI マネジメントで「CSF を 1 つに絞りましょう」という話をすると、<ruby>躊躇<rt>ちゅうちょ</rt></ruby>するケースがあります。それはそうでしょう。1 年に 1 回しか施策ができない組織であれば、絞ることを躊躇したくなります。

しかし、実際は、ゆっくりと検討して、実行までも時間がかかっているだけだったりします。

計画から実行、そして振り返りの時間が短ければ、1 つに絞ることも怖くありません。1 年に 1 回ではなく、そのスピードが倍になり、半年

に 1 回になれば年に 2 回実験ができます。さらに倍の 3 か月に 1 回に
なれば、年に 4 回。もし毎月できれば年に 12 回。そして毎週できれば
年に 50 回以上の実験ができるのです。

　1 つに絞ったとしても毎週やることを変えることができれば、絞る
ことを躊躇する必要はありません。**実験ができない理由は、現状把握、解
釈、介入の時間が長すぎるのです。加えて、それを実行するまでの時間
が長すぎるケースが大半です。**

　今回の 20 代の経営者のように、素早く判断することで、組織風土を
変え、スピード感あふれる組織に生まれ変わる可能性が高まります。

図26　事例⑤まとめ 自動車販売会社

Pre1
現状把握

同社のブランドイメージは
「安全」が売り

↓

グレードが低いモデルは
安全装備がオプション

↓

低いグレードのモデルに安全装備を付けて
販売単価を上げる

Pre2
解釈

100人のうち6人がリピーター

↓

リピート率を上げるためにどうするか？

> ① 半年点検に3か月点検を加える
>   →待ち時間にユーザーの小さな不満を解消
> ② ローンの支払いを終えたタイミングでの
>   営業の成約率が高い
>   →現金払いからローンやリース販売に移行

On
介入

販売ストーリーの徹底　＋　新しいリースプログラム導入

Post
振り返り

平均単価が2割以上向上
販売台数が大幅アップ

事例⑥
大手建設会社

ビジネスの概要

総合建設業。公共建築、商業建築などさまざまな分野の建築物を対象にしている。大規模建築では、通常コンペになることが多いが、同社は高い技術力に定評があり、大規模あるいは難易度の高い物件に対しては、必ずといってよいほど声がかかる。

GoalとKGI

中期経営計画を策定中で、2025 年の売上 1000 億円、営業利益 100 億円の実現を目指す。売上伸び率よりも利益伸び率が高い計画になりそう。その際には、生産性を高めながら、この利益 100 億円の実現度合いを高めていきたい。そのための新たな業績管理の仕組みとして KPI マネジメントの導入を行う。

当時、東日本大震災の復興需要、東京オリンピック需要などの影響で、2020 年までの建設業界の業績は好調が見込まれました。同社の業績も同様でした。需要が逼迫しており、材料単価、人件費が高騰し、施主側で時期をずらした案件もあります。2020 年中には対応できず、後ろ倒しにした案件も少なくありません。結果として、2021 年までの需要は高いことが予想できました。

一方で、同業他社と比較すると、過去数年の利益の伸び率が劣ってい

ます。前向きに考えると、さらなる生産性向上の可能性があるともいえます。

Pre 1　「現状把握」CSF特定

　上述のように今期、来期の売上見込みはとてもよい状況でした。**ところが現場の責任者である専務は、現状に違和感を持っていました。**専務は現場たたき上げで、業界のこと、同社のことを隅々まで知っています。過去の経験と野性の勘が違和感を生んだのです。

　そこで経営企画部長に依頼し、現状の問題点を洗い出してもらいました。私は現状把握と解釈の部分のサポートをしました。分かったことは以下のような状況でした。

①**前年比売上高は着実に増加している**
②**案件数は横ばい**
③**案件当たり売上単価が大幅上昇**
④**設備投資関連案件の売上が多い**（**景気に左右されやすい**）
⑤**必ずしもオリパラ関連受注が多いわけではない**
⑥**大規模あるいは高難易度コンペには声がかかる**
⑦**コンペの勝率は経年で微増**
⑧**2期先の案件パイプライン**（**商談候補リスト**）**が減少傾向**
⑨**営業、設計、製造、施工各部署での労働時間が増加傾向**
⑩**従業員の満足度調査の結果が悪化傾向**

　これらの情報を俯瞰して現状把握を行うと、次のようなことが起きていると想像できます。

①**前年比売上高は着実に増加している**
②**案件数は横ばい**
③**案件当たり売上単価が大幅上昇**

→足元の業績は件数当たり売上単価の増加により堅調。

④設備投資関連案件の売上が多い（景気に左右されやすい）
⑤必ずしもオリパラ関連受注が多いわけではない
　→しかし、必ずしも業績基盤は安定しているわけではない。

⑥大規模あるいは高難易度コンペには声がかかる
⑦コンペの勝率は経年で微増
　→単価大幅上昇に伴い、商談が複雑化、長期化している可能性が高い。

⑧２期先の案件パイプライン（商談候補リスト）**が減少傾向**
　→現在の商談が複雑化、長期化しているので、次の商談に注力できていない。足元の業績もよいので、現場の優先順位が落ちている。

⑨営業、設計、製造、施工各部署での労働時間が増加傾向
⑩従業員の満足度調査の結果が悪化傾向
　→案件の長期化、複雑化により、労働時間の増加。あるいは特定メンバーへの仕事の負荷が増加しており、従業員満足度が低下。

　間違いなく未来の商談を増やさないと、まずいことが想像できます。
CSF は未来の商談額（あるいは数）**だと想定できます。**

Pre2　「解釈」KPI設定

　現状、足元の業績見込みがよいわけです。それは商談の大型化、複雑化の中で、現場の営業、設計、製造、施工の各部署が連携を取り、コンペに勝っているからです。これはこれで素晴らしい話です。
　しかし、その反作用として、未来の商談を取りにいくことができていません。これは時間的に現場の労働時間が増加していることも一因です。しかし一方で、足元の業績がよいため、ついつい未来に対しても楽観的

になっている可能性が高いのです。

　本来であれば、商談が長期化しているので、従来よりも早めに商談に着手しないといけないのですが、現状が忙しいので、ついつい目の前の仕事を優先し、将来にリソースを割り振れていない様子が想像されます。

　加えて、従来よりもさらに商談の着手を早めにしないといけないのですが、過去の成功体験に基づく時間感覚が修正されていないということなどが理由として考えられます。つまり、「**そろそろ翌々期の案件を取りに行こう**」**という感覚が早まっていないのです。**

　図27をご覧ください。同社の商談は「**①引合い**」→「**②商談**」→「**③コンペ参加**」→「**④受注**」→「**⑤納品**」→「**⑥売上計上**」というステップになります。

　従来と比較して、商談が大型化、複雑化することで、「**②商談**」の期間が長くなっています。これに伴い、「**⑤納品**」の期間も長期化します。

そうすると、結果的に「①引合い」から「④受注」までの期間が延びて、加えて「⑥売上計上」までの期間も延びてしまいます。

　かなり早めに「②商談」を進めないといけないのですが、そうなっていません。結果、翌々期の商談が積み上がっていかない。このように図示すれば誰でも分かります。しかし、往々にしてこのように見える化していないことで、悪い兆しに気づかないことがあります。

この未来への悪い兆しが、専務の違和感の正体だったのでしょう。

データを集めて仮説を検証する

　これらの仮説をもとに、追加のデータや現場へのインタビューなどで確認してみました。まさにこの通りでした。

　さまざまなデータを見ると、従来よりも「①引合い」から「④受注」までの期間は2か月延びており、「④受注」から「⑥売上」までの期間も3か月延びていることが分かりました。つまり、従来よりも合計で5か月前に商談を開始した案件が、想定期に売上計上できる流れになっていました。

　これらの過去データを整備し、分析を続けた結果、上記の①から⑥のデータ相互の相関関係から、**翌々期の売上目標達成は2期前の末月に売上目標と同額の受注売上があれば、目標達成がおおよそ見込めること**が分かってきました。幸い足元の業績が好調なので、1年ほど猶予があることも分かりました。

つまり1年間かけて、翌々期の受注を増やしていけばよいわけです。しかし、これは「言うは易く行うは難し」です。現場にやってもらうのはかなり難易度が高い話です。

　なぜならば足元の業績確保も並行して取り組む必要があるからです。しかも足元の商談は大型化、複雑化しています。

「未来の受注のために足元の業績が下がっていいのか！」

こんな話になりがちです。

こうした指摘に対しても、きちんと説明が必要です。

商談が高度化、高難易度化しているので、受注の確実性を高めるためにも特定の人が特定の業務に集中している可能性も高い。もしこれが真実であれば、彼らの業務を減らす必要があります。

絵に描くのもそこそこ難しかったのですが、それを現場に実行してもらうにはかなりの工夫が必要です。

02 「介入」現場に動いてもらう

まずは現場のキーパーソンに集まってもらい、同社の現状について共有しました。具体的には前述の通り足元の業績はとてもよいが、未来の受注に対しては心もとない。きわめて難しいオペレーションを現場に実行してもらう必要があることを伝えたのです。

現場のキーパーソンたちは、全体像を理解して、本部と共通認識を持ってもらえました。幸いなことに専務がリーダーシップを発揮してくれたのです。現場に精通している専務が説明してくれたことで、現場のキーパーソンの納得感が高まりました。また、本部側もきちんとデータや流れなどで現状を見える化しました。これで第一関門突破です。

しかし、彼ら現場のキーパーソンが異口同音に口にしたのは、「**具体的に何をどうやれば、未来の受注が増えるのか?**」です。正確に表現すると、「何をどうやれば」は、今までの営業活動と同じです。しかし、それを担うリソース、具体的には優秀な人材が圧倒的に不足しているのです。

正確に表現すると、優秀な人材は、現在の営業活動に張り付きになっています。彼らを現在の商談から外すわけにはいきません。商談が大型化、高度化したので仕方がありません。

優秀な人材を他の案件に
シフトできないか？

　そこで、営業組織の現在の商談や受注後の納品活動について、現状把握を行うことにしました。具体的には、各案件を「①難易度」と「②今後の不確かさ」で分類を行ったのです。さらに、その「①難易度」が最も高い時期はいつなのか、「②今後の不確かさ」を解消できる時期はいつなのかを把握しました。

　結果、優秀な人材は、どのタイミングに必要で、場合によっては、その案件から外しても問題ないタイミングがあることが分かったのです。

　現在は、優秀な人材に保険的にずっと担当してもらっています。それを①難易度が高いタイミング、②今後の不確かさを解消するタイミングまでは、彼らに担ってもらうのですが、それ以外は、別の人に担当してもらえばよいのではないかという案です。

　つまり、**優秀な人材リソースを他の案件にシフトできる可能性がある**ことが分かったのです。もちろん並行して、外部からの人材調達や、内部人材の育成なども必要です。どうやって業務を引き継ぐのかという手順の整備も必要です。しかし、これらの組み合わせのおかげで、新しい受注をするための体制を組める可能性がありそうだということが分かりました。

　また、従来よりも複雑なことをするので、彼ら優秀な人材の負荷は一時的に増加する可能性もあります。それに対するフォローも必要です。一時的であれば彼ら優秀な人材も対応してくれます。しかし、これが慢性化、恒常化すると本末転倒です。上述の内部人材の育成、外部人材の調達も並行して実行する点を約束したうえで、彼らに協力を依頼しました。

Post　振り返り

　これらの施策を実施して、まだ数か月です。まだ評価を下せる段階で

はありません。しかし出だしは上々です。目標達成ペースで受注が積み
あがってきています。

　過去のデータを分析すると、もともと同社は、取引先業界を上手に変
化させながら業績を拡大させてきました。いわゆる公共工事一辺倒でも
なく、特定の業界や民間企業偏重でもないのです。常に新しい業界との
取引を増やしていました。ある意味、新規営業が上手な会社でした。

　ですので、全社のエネルギーを新規営業にシフトすることを狙ったわ
けです。より正確に表現すると、必ずしも新規営業だけではありません。
既存顧客の別案件を大きくすることにも注力しました。

　一部、評価制度も変更しました。従来の今期の売上、翌期の受注成績
に加えて、**翌々期の受注成績を主要指標の１つとして加えました**。サブ
指標として、商談件数も評価することにしました。これはある意味、営
業組織側のさじ加減で変化できる方法でもあります。

　翌々期の受注を増加させていくために、現場を信頼して、このような
数値も積み上げることにしました。受注を先行している数値を全社で見
られるようにした結果、経営陣や他部署が積極的に営業に協力しようと
いった機運も生まれました。

　これは予想外でしたが、よい兆しでした。

　前述のように、まだ最終的な成果は出ていませんが、今後がとても楽
しみです。

図28　事例⑥まとめ 大手建設会社

Pre1
現状把握

各種分析により…
足元の業績は堅調だが
未来の商談を増やす必要あり

↓

CSF は未来の商談額（数）

Pre2
解釈

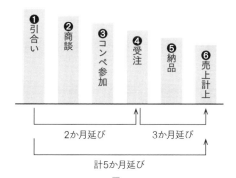

❶引合い　❷商談　❸コンペ参加　❹受注　❺納品　❻売上計上

2か月延び　　3か月延び

計5か月延び

↓

1年間かけて翌々期の受注を増やしていく

On
介入

各案件を「難易度」と「今後の不確かさ」で分類

低　　難易度　　高

低　　今後の不確かさ　　高

優秀な人材が
ここだけ担う

Post
振り返り

翌々期の受注成績も評価制度の主要指標に加える

Day

5

KPIマネジメントの
体制と進め方

さて、これで最終日です。最後のDAY5では、自社もしくは
自組織でKPIマネジメントを始めようとする場合の「体制」と
「進め方」について解説します。ポイントは次の5点です。

① 管理会計としてのKPIマネジメント
② 共通理解と用語の統一
③ MC4確認ワークショップで現状を把握する
④ Goalと現状とのギャップで進め方を決める
⑤ 進捗管理をグループコーチングで実施する

まずは、「管理会計としてのKPIマネジメント」から
説明しましょう。

管理会計としての
KPIマネジメント

「管理会計」というと、なじみがない方もいるかもしれません。一般的に会計には**「財務会計」**と「**管理会計**」があります。

「財務会計」は、企業外部の利害関係者（株主・顧客・取引先など）に対する情報提供を目的としています。いわゆる PL（損益計算書）、BS（貸借対照表）、キャッシュフロー計算書などが代表的なものです。

一方の「管理会計」は「経営管理」とも言われ、経営者の意思決定、予算管理、業績管理・評価などを目的としています。

「財務会計」は、企業会計原則や商法、金融商品取引法、法人税法などにより内容が定められています。しかし、「管理会計」はそのような決まりはありません。自由に作成してよいわけです。当然ですね。上述のように経営者の意思決定を目的としているので、極端な話をすると経営者ごとに違っていてかまわないわけです。

KPIマネジメントは経営者に
とっての羅針盤

では、経営者は「管理会計」で、何を知りたいのでしょうか。

このまま経営を行っていたら、企業外部の利害関係者に約束した（つまり対外的に発表した）財務目標の数値を達成できるかどうか。

そこを知りたいわけです。

経営を航海にたとえるとするならば、航海のための羅針盤が欲しいわけです。このままの針路で目的地にたどり着けるのかどうか。針路が右にずれていると分かれば、左に舵を切り、針路が左にずれていると分かれば、右に舵を切る。

実際の経営でいうと、「このまま進むと利益が不足する」と分かれば、何らかのコスト削減施策により利益を確保しておきます。また、利益が多く出ると分かれば、将来に向けて投資を行うといった次第です。

　この船における羅針盤が「KPIマネジメント」にあたります。羅針盤にもたくさんの種類があります。管理会計にもたくさんの種類があります。

　KPIマネジメントはきわめて優秀な羅針盤です。KPIの数値が、羅針盤の数値を表しています。つまり、このままいけば最終的な「財務会計」が達成できるかどうかを示す「信号」にあたります。この信号の状況（赤・黄・青）を見ながら、経営者は経営判断をすればよいわけです。

　つまり、**KPIマネジメントの1つの側面は、「経営者が判断をするためのものである」という要素があります**。KPIマネジメントの検討、実行の体制を考える際には、この点を忘れてはいけません。したがって、KPIマネジメントの検討あるいは実行の体制におけるプロジェクトオーナーは経営者です。役員であれば誰でもよいわけではなく、KPIマネジメントにより経営判断を行う経営者が主体です。これは必須事項でしょう。

　KPIマネジメントのプロジェクトオーナーを経営企画担当役員などが担当するケースがあります。これは、基本的な必須事項を無視した判断の最たるものでしょう。上述したようにKPIマネジメントは「管理会計」の主要手法です。そして、「管理会計」は「経営管理」とも言われています。経営者が主体的に関与しなければうまくいくはずがありません。

KPIマネジメントは
全従業員のものでもある

　ただし、KPIマネジメントは誰のものかというと、経営者だけのものではありません。KPIマネジメントの信号を全従業員が常に見ているのが強い組織です。**つまり、KPIマネジメントは経営者のものであり、全従業員のものでもあるのです。**

特に経営を取り巻く変化が大きい時代、KPI数値により即座に経営判断し、実行することが重要です。経営者→役員→管理職→現場と階層を通じて伝達するのでは時間ががかりすぎます。ましてやそれを週に1回の会議などで伝達していると、簡単に数週間が過ぎてしまいます。そのようなスピードが遅い組織は、変化の激しい時代には簡単につぶれてしまいます。

◎経営者がプロジェクトオーナーになる
◎全従業員がKPI数値を常に意識できる状況を作る

　この2点が重要なポイントです。

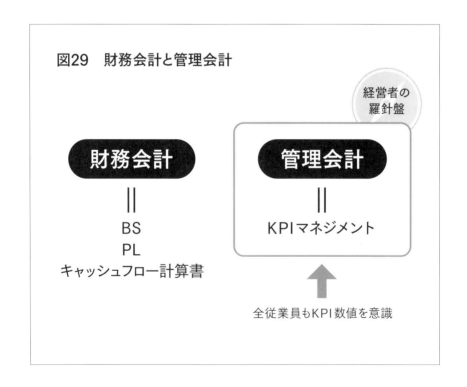

図29　財務会計と管理会計

経営者の
羅針盤

財務会計
＝
BS
PL
キャッシュフロー計算書

管理会計
＝
KPIマネジメント

全従業員もKPI数値を意識

共 通 理 解 と 用 語 の 統 一

　この「共通理解と用語の統一」はKPIマネジメントに限らず、何か
プロジェクトをスタートする際の重要なポイントです。特に日本語が主
なコミュニケーション手段である場合に起こりがちなトラブルです。正
確に表現すると、「共通理解と用語の不統一によるトラブル」が起きて
いるのに、そのことが分かりにくいのです。
　ざっくり分類すると次の3つに大別できます。

①同じ言葉を別の意味で使っている
②同じ言葉をあいまいな意味で使っている
③別の言葉を同じ意味で使っている

　まず、「①同じ言葉を別の意味で使っている」あるいは「②同じ言葉
をあいまいな意味で使っている」例として、まさに「KPIマネジメン
ト」が挙げられるでしょう。
　KPIマネジメントを正しく、理解していない人がたくさんいます。多
数の数値で管理することだと考えている人がその典型例でしょう。これ
などはKPI、つまりKey Performanceではなく、単純にIndicatorマネ
ジメントです。
　上述の「管理会計」ではなく「財務会計」をKPIマネジメントだと
把握している人もいます。これなどは、先行指標ではなく、結果指標マ
ネジメントです。
　あるいは常日頃、さまざまな用語の意味をきちんと考えずに使ってい
る人も少なくありません。

「③別の言葉を同じ意味で使っている」場合の実例としては、KPIマネジメント関連の用語で「CSF」と「KFS」が挙げられます。CSFはCritical Success Factor、KFSはKey Factor for Successの略ですが、この2つは同じ内容を指しています。

これは世界を代表する二大コンサルティングファームがそれぞれ別の用語を使っていることに由来しています。私は、たまたまそのうちの1つのコンサルティングファームと懇意にしていたので、「CSF」という用語を使っているというだけの話なのです。

用語の定義が統一されないと大変なことになる

KPIマネジメントをスタートする際に、お互いに理解が異なっている、あるいは用語の定義が違っていると、コミュニケーションに時間がかかります。

とても地味な話ですが、長い目で見るときわめて重要なことです。

人は変化に対して保守的です。従来使ってきた用語や理解が変わるのに否定的であることも少なくありません。

実際、私も過去にリクルートでスーモカウンターというビジネスを担当していた時に困ったことがありました。2つのサービスがあったのですが、同じ作業を1つのサービスでは「紹介」と呼び、もう1つのサービスでは「マッチング（マッチ）」と呼んでいました。

「紹介」は個人顧客に法人顧客を「紹介」するので、この名称を使っていました。マッチング（マッチ）は個人顧客と法人顧客をマッチングするので、この名称を使っていました。

日頃は問題なかったのですが、システム開発を行う際に、問題が露呈しました。名称を統一しないと、画面を2種類作らないといけないのです。しかも2サービス間で人が異動した際にも変換が必要なのです。全く無駄なコストです。

この手の話は、現場の話し合いでは収拾がつきません。最終的には責任者であった私が判断して、全ての用語を統一しました。

話をKPIマネジメントに戻しましょう。KPIマネジメントの共通理解や用語統一には、（宣伝になりますが）私の著書を読んでもらうか。講演を聴いていただくのが早いと思います。

　本書に書いている定義や考え方を共通理解、共通用語として使ってもらうとよいでしょう。そうすることで無駄なコミュニケーションロスを削減でき、それどころか円滑なコミュニケーションを行うことに寄与できるはずです。

MC4確認ワークショップで現状を把握する

並行して実施するとよいのが現状把握です。

具体的には「**MC4 確認ワークショップ**」を行うことをお薦めします。とても簡単な方法です。

DAY1 の冒頭で解説したように図 30 のようなフォーマットと 1 枚の白紙を準備します。フォーマットには、4 つの四角い箇所があります。4 つは、それぞれ KPI マネジメントにおける 4 つの主役（MC4 = Main

---

図30　自社のMC4

Goal	KGI
CSF	KPI

Character）を表しています。

MC4は、① Goal、② KGI、③ CSF、④ KPIです。

自社（あるいは事業）のMC4を記入するワークショップです。

手順は以下の通りです。

手順1 1チームにつき3〜4名に分かれる
手順2 自社のMC4（① Goal、② KGI、③ CSF、④ KPI）をフォーマットに記入する
手順3 白紙に自社のビジネスモデルを記入し、そこから「③ CSF」を選択した理由を記入する

やることはこれだけです。すでにKPIマネジメントを実行している場合は、あっという間にできあがります。

このワークショップを行うと次のようなことがよく起きます。

それはKPIマネジメント以前にGoalやKGIがずれているケースです。ですので、ワークショップのMUST（必須）の目的はGoal、できればKGIを関係者に合意を取ることです。これが全てのゴールです。

1万人以上の従業員がいる会社でこのワークショップをしたことがあります。ワークショップの参加者は幹部100名弱。実施したタイミングは年度末でした。つまり、その期の終わりでした。さすがに期末だったのでGoalとKGIは合致するはずと思っていました。

しかし、Goalでさえ、2割程度の人が違っていました。KGIに至っては半分くらいの人が違っていました。それくらいずれているのです。

前節で共通理解と用語の統一の重要性について触れました。**会社にとって最も重要なGoalとKGIでさえずれているのです。大半のことはずれているものと考えたほうがよいでしょう。**

とはいえ、GoalとKGIは比較的合意が取りやすいです。大事なのはCSFです。これを見つけるところが重要なのです。白地のフォーマットに自由に自社のビジネスモデルを記載します。

ビジネスモデルの記載方法は、DAY4の事例で紹介した図などを参

考にしてください。たとえば、私のように矢羽根と数値で書いても OK。システムシンキングのように矢印と記号で書いてもよいです。**このビジネスモデルを共通認識にできると、コミュニケーションコストが大幅に削減できます。**

　ビジネスモデルを描き、それを統一し、その中から現状で最も弱いCSF を見つければよいのです。これを関係者、できれば職種が異なる幹部社員で議論することそのものに意味があります。これさえできれば、十分です。かなり盛り上がること請け合いです。

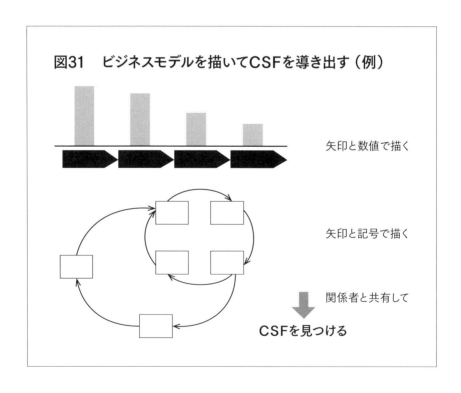

図31　ビジネスモデルを描いてCSFを導き出す（例）

矢印と数値で描く

矢印と記号で描く

関係者と共有して

CSFを見つける

Goalと現状との
ギャップで進め方を決める

MC4の確認ワークショップでMC4（① Goal、② KGI、③ CSF、④ KPI）を埋めました。もう1つやっておくべきことがあります。**① Goal と②KGI と現状の見込み業績とのギャップ**です。そこが大きいか小さいかでKPIマネジメントへの注力度合いが変わります。

極論すると、そのギャップが限りなく小さいのであれば、今の現場オペレーションを継続すればいいわけです。しかし、そのギャップが大きければ、現在のオペレーションではKGIが達成されません。そのような場合にKPIマネジメントを活用します。

「制約条件」は必ずどこかに絶対ある

私が推奨しているKPIマネジメントは前述のように「制約条件理論」に基づいています。「制約条件理論」は、一言でいうと、最も弱い場所を組織全体で支援しようという考え方です。最も弱い場所が「CSF」で、それをどの程度の数値にすればよいのかが「KPI」です。

つまり、今まで組織に分散していたエネルギーを、最も弱い箇所に集約させて、成果を上げる方法です。

たとえば、「①営業→②製造→③納品→④アフターフォロー」というオペレーションのプロセスがあるケースを想定します。「①営業」が頑張って契約を取ってきても、「②製造」がその商品を作れなければ売上は立ちません。

「①営業」「②製造」ができても「③納品」できなければ、同じく売上は立ちません。「①営業」「②製造」「③納品」ができても、「④アフター

フォロー」がきちんとできていないと、返品が増え、リピート契約率が下がり、次回の「①営業」が難しくなります。

　では、①営業、②製造、③納品、④アフターフォローそれぞれに対して、いざとなった時のバッファ、つまり余剰人員を抱えておけばどうでしょうか。質の高い人員が十分にいるのだとするならば、急な対応も可能です。①営業→②製造→③納品→④アフターフォローのオペレーションはきちんと流れます。売上も十分立つわけです。

　しかし、バッファ、余剰人員を確保するとコストが嵩（かさ）みます。結果として利益を圧迫します。この選択肢は選べません。

　つまり、私たちのオペレーションは、常にどこかが「制約条件」になる可能性が高いのです。もしどこにも「制約条件」がないとしたら、それは余剰人員やバッファーがありすぎる可能性があるとも言えます。

　収益を上げながらオペレーションを磨くには、その時々の「制約条件」を見つけながら、そこに対応し、オペレーションを強化していくのが最も効果的なのです。

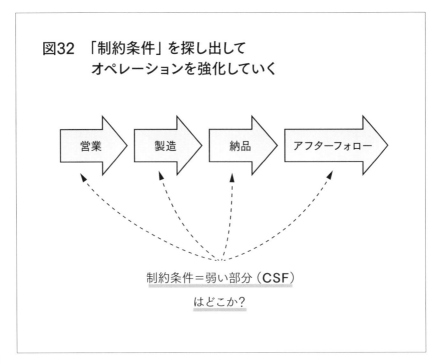

図32　「制約条件」を探し出して
　　　　オペレーションを強化していく

営業　　製造　　納品　　アフターフォロー

制約条件＝弱い部分（CSF）

はどこか？

進捗管理をグループ
コーチングで実施する

「**グループコーチング**」をご存じでしょうか。

グループコーチングは、1on1 ミーティングの発展形として、よりよい組織を作るための 1 つの手法として有効です。今回は進捗管理手法としてのグループコーチングを紹介したいと思います。

私と「グループコーチング」的な ものとの出会い

まず初めに、私のリクルート時代の経験を共有させてください。私は、マネージャ職として何度か大きな異動を経験しました。大きなというのは、その部署の誰とも話をしたことがない部署への「青天の霹靂」の異動という意味です。そのような異動を少なくとも 7 回経験しました。

私は、そのような新組織に異動するたびに、すべてのメンバーと **1on1 ミーティング**（以下 1on1）を実施しました。1on1 を実施することで、お互いの志向や興味・関心、強み・弱みを知り、人間関係、相互の信頼関係の基盤を作れました。この経験は、その後の組織運営に大きなプラスに寄与しました。みなさんにも経験があるかもしれません。

私たちに限らず、稲盛和夫さんが JAL の再生を担当された際、幹部数百名と 1on1 をしたのは有名な話ですね。そのエピソードを知って、私のやっていたことは正しかったのだと確信したのを覚えています。

私自身、その後（新しいメンバーの加入や 2 回目）もできる限り、1on1 を継続しました。**ところが 1on1 には 1 つ大きな課題があるのです。時間がかかることです。**人数×平均時間かかるので、メンバーが増えると時間的負担が大きくなり実施できなくなるのです。

時間のかかる1on1を効率化するには

限られた時間を有効に活用するためには、以下の方法が考えられます。

①**対象を減らす→他の人に代替してもらう**
②**頻度を減らす**
③**同時に複数の相手と実施する**

　私は、これらの方法を組み合わせて、対面コミュニケーションを継続しました。当時の私にとって複数のチームメンバーと同時に1on複数ミーティングをする目的として、「効率性」を高める観点が強かったのを覚えています。

　ところで、1年ほど前から、毎週月曜日の朝8時から9時までの1時間、ファシリテーターを進行役に、異業界・異業種の4名が1グループになって1週間を振り返るグループコーチングに参加しています。

　このグループコーチングは、上述した私が実施していた「効率的な1on複数」とは全く別物で、一線を画すものでした。もっと早く参加すればよかったと思える手法でした。

　グループコーチングの具体的なやり方は後述しますが、私自身が体感したこの「グループコーチング」の価値は3つあります。

グループコーチングの価値①
実行可能性を高める

　1つはコーチングとしての価値です。コーチングの本質的な価値は、**「自分自身で決めた計画を他者に開示（ある意味で約束）することで、より実行可能性を高める」**というものがあります。コーチの立場のファシリテーターに加えて、3名の参加者がいるのです。計画したことをきちんと進めようという強いドライブになってくれます。まずこのポイントが進捗管理として機能します。

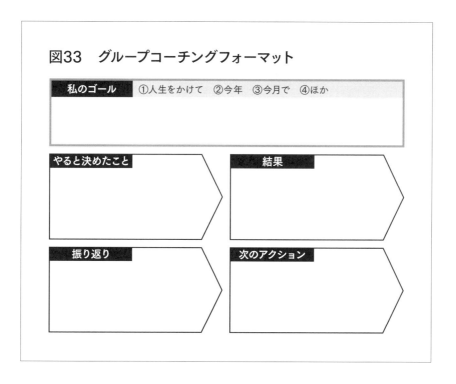

図33　グループコーチングフォーマット

私のゴール	①人生をかけて　②今年　③今月で　④ほか

やると決めたこと	結果

振り返り	次のアクション

グループコーチングの価値②
定期的に振り返る習慣がつく

　2つめは、「**常に自分自身のゴールを意識し続けることで、重要なことにフォーカスできる**」というものがあります。図33のようなフォーマットの上部に「私のゴール（①人生をかけて、②今年、③今月、④ほか）」を記載します。それを毎週意識しながら、毎週の計画を立て、毎週振り返るのですが、このことによって自分のやっていることが重要かどうか（自分のゴールに関連しているか）を定期的に振り返る習慣がつきます。

グループコーチングの価値③
チーミングの妙

　最後は、**チーミングの妙**が挙げられます。会社はもちろんのこと、業

界や立場が異なり、直接の利害関係のないメンバーでチーミングしています。全く違う観点での意見や感想を聞くことで、当たり前だと思っていたことに対して承認を受けることで元気を得たり、全く思いつかなかったアイデアをもらったりと、さまざまなプラス効果があります。

マネジメントの可能性を広げる グループコーチング

　グループコーチングの最初の2つの価値だけでも十分効果はありますが、3つめを加えるとさらに効果を実感します。

　イノベーションを起こす際には多様性が重要です。会社内で実施する場合も、あえて違うチーム、組織の人たちをチーミングするのがポイントです。KPIマネジメントを導入するという目的に対しても、さまざまな立場の人が相互にアドバイスできるので、進捗管理手法としてもうまく機能するのです。

「グループコーチング」は、一般的な上司と部下の1on1と比較すると、参加者間の相互作用が加わることに大きなメリットがあります。

　私は、実体験からこの手法の有効性や可能性を体感しました。私自身、不勉強で知らなかったのですが、2010年ごろからこのような手法は、1on1コーチングをさらに強化した手法として**「組織開発チームコーチング」**などの名称で注目を浴びている方法でもありました。

　私はこの方法をグループコーチングと呼んでいるわけです。

　もちろん、すべての状況に当てはまる万能な方法はありません。

　エッセンシャル・マネジメント・スクール（EMS）で西條剛史さんから学んだ「方法の原理」という考え方があります。「方法は、目的と状況により変化する」という意味です。この「グループコーチング」も万能ではありません。しかし、多様な人材をマネジメントする機会が多い現代では、有効に活用できる手法の1つであると思います。

グループコーチングの具体的な手順

　グループコーチングは4人の参加者と1人のコーチ（ファシリテーター）の組み合わせで実施します。

　対面で実施することも可能ですが、ZOOM（テレビ会議）で十分に効果があります。逆にZOOMの方が、よりメリットがあります。録画機能を使い、自分のプレゼンの状況、人からのコメントをもらった時の受け止め方などを振り返ることができるからです。

　実生活で、自分自身の表情や身振り手振りを見る機会はあまりありません。録画を見ることで、自分のよい習慣を増やし、好ましくないクセをなくすことができます。

　以下はZOOMでのグループコーチングのやり方です。

グループコーチングの事前準備

　参加者は事前にグループウェア（code Takt社の協働学習ツール team Taktなど）上に以下のポイントを記入します。

A　私のゴール
B　Pre: 先週の計画
C　On: プロセスと結果
D　Post: 振り返りと学び
E　Pre: 来週の計画

　（A）私のゴールは、毎週確認はしますが、毎週書き直す必要はありません。（B）〜（E）は、毎週記入することでリフレクション（振り返り）を行います。

グループコーチングの進行方法

まず、指定された ZOOM に入ります。

①瞑想

コーチの合図をきっかけに1分程度の瞑想をします。方法は特に決まっていませんが、目を瞑り、心を落ち着けます。気持ちをフラットにし、今からの時間に集中できるようにします。

②チェックイン

24時間以内にあった「ありがたい話」を1人30秒から1分程度行います。気持ちがポジティブになり、③以下を実行する場によいエネルギーが流れます。

③話者から1週間の共有→参加者から感じたことの共有→話者から感じたことの共有

　A　1人（話者）は、フォーマットを画面共有（＋録画）しながら5分程度で話します。
　B　他の参加者は順に率直に感じたことを伝えます。
　C　話者は、皆に感謝を伝え、自分が率直に感じたことを伝えます。
　D　必要に応じてコーチ（ファシリテーター）が発言します。

　このA~Dのステップを参加者の数だけ繰り返します。

④チェックアウト

1人ずつ、率直に感じたことを伝えます。

⑤ ZOOM から退出

⑥振り返り

　保存しておいた ZOOM の録画を見直し、自分の成長に活用します。

　非常に簡単に始められる方法です。そして継続も簡単です。これをやってみると、数週間で相互作用が生まれてきます。ZOOM などのテレビ会議システムを活用することで、場所の制約から解き放たれ、内容を録画することで、他の人との情報交換にも活用できます。

　ぜひ、実施されるのをお勧めします。

【付録】KPIマネジメント実践シート

KPIマネジメント実践シートの使い方

　右の表は今回特別に考案したシートです。具体的なKPI設定をサポートするためのツールです。ステップは以下の7つになります。

① Goal の確認
② KGI の確認
③ 目標、現状のビジネスプロセスの確認とステップごとの数値の確認
④ 目標、現状の定量数値のギャップが大きなビジネスプロセスとギャップ数値の確認
⑤ ギャップを埋めるための活動＝CSF 候補の洗い出し
⑥ 最も効果的な活動（CSF）の確定
⑦ KGI 達成に必要な定量目標（KPI）

　実際に活用する場合のそれぞれのステップでのポイントについて、サンプルを通して説明します。

KPIマネジメント実践シート

①Goalの確認

期間		対象	
内容			

②KGIの確認

対象	
補足	

③目標、現状のビジネスプロセスの確認とステップごとの数値の確認
目標（KGI達成に必要な）ビジネスプロセスと定量数値

定量数値	
ビジネスプロセス	

現状ビジネスプロセスと定量数値

定量数値	
ビジネスプロセス	

④目標、現状の定量数値のギャップが大きな
　ビジネスプロセスとギャップ数値の確認

ビジネスプロセス名	
ギャップ数値	

⑤ギャップを埋めるための活動＝CSF候補の洗い出し

CSF候補1	
CSF候補2	
CSF候補3	

⑥最も効果的な活動（CSF）の確定

CSF	

⑦KGI達成に必要な定量目標（KPI）

KPI	

右のサンプルをご覧ください。これは、私がリクルート時代に新規事業を担当した際の事例です。数値は実際のものと異なりますが、ステップの理解には役立つと思います。

① Goal の確認

担当した新規事業の収益化がテーマでした。具体的には、新規事業Aについて、〇年3月期に、1店舗当たり●●百万円の利益が出るモデルを作ることが Goal でした。そこで、

期間：〇年3月期
対象：新規事業A
内容：1店舗当たり●●百万円の利益が出るモデルづくり

と記載しました。

② KGI の確認

1店舗当たり●●百万円の利益が出るモデルを作ることが Goal です。この数値をそのまま KGI に設定してもよいです。

ただ、利益＝売上－費用となります。利益を目標にすると、売上と費用という2つの変数があります。ところがこの新規事業の主なコストは、人件費、店舗費用、システムの減価償却費用、広告宣伝費の4つでした。

それぞれ計画段階で数値が確定します。利益は●●百万円と決まっています。また費用も分かっています。

つまり変数は売上だけなのが分かります。そこで売上を KGI に設定しました。売上目標を達成できれば、自然と利益目標を達成できるわけです。

③目標、現状のビジネスプロセスの確認とステップごとの数値の確認

売上＝数量×単価として表現できます。担当した新規事業の単価はおおよそ一定でした。正確に表現すると顧客ごとに差異はあるのですが、

KPIマネジメント実践シート（サンプル）

①Goalの確認

期間	○年3月期	対象	新規事業A
内容	1店舗当たり●●百万円の利益が出るモデルづくり		

②KGIの確認

対象	売上
補足	

③目標、現状のビジネスプロセスの確認とステップごとの数値の確認

目標（KGI達成に必要な）ビジネスプロセスと定量数値

定量数値	150	100	80	50	25
ビジネスプロセス	集客	相談	紹介	商談	成約

現状ビジネスプロセスと定量数値

定量数値	200	100	50	20	5
ビジネスプロセス	集客	相談	紹介	商談	成約

④目標、現状の定量数値のギャップが大きな ビジネスプロセスとギャップ数値の確認

ビジネスプロセス名	紹介
ギャップ数値	30

⑤ギャップを埋めるための活動＝CSF候補の洗い出し

CSF候補 1	満足度
CSF候補 2	5社以上提示
CSF候補 3	3社以上紹介

⑥最も効果的な活動（CSF）の確定

CSF	3社以上紹介

⑦KGI達成に必要な定量目標（KPI）

KPI	3 相談 → 2 紹介 → 1 成約

現場でのコントロールが難しかったのです。

　そこで、単価は平均値として、売上数量を増やすことに焦点を当てました。

　ビジネスプロセスを表現する方法はいくつかあります。シンプルな矢羽根と棒グラフのセットで表現しています。私の感覚では、おおよそこの方法で説明ができることが多いです。

　矢羽根には、ビジネスプロセスのステップ名を記載します。この新規事業では**集客→相談→紹介→商談→成約**というステップでした。

　上下に2組同じセットのビジネスプロセスが並んでいます。下側は現状の数値を記入し、上側には目標の数値を記入します。現状と目標のステップごとの数値を対比するわけです。

　この新規事業の現状は「**集客200→相談100→紹介50→商談20→成約5**」でした。つまり顧客の相談100を得るために、200の集客が必要で、その後、紹介→商談を経て成約するのは5だということです。

　相談100から成約5ですので、相談成約率は5%です。また相談100を得るために200の集客が必要でしたので、この集客相談率は50%でした。これらの数値を向上させる必要がありました。

　類似サービスや利用者のアンケートなどから相談成約率の上限値は30%であることが分かりました。またKGIを達成するために必要な成約数が100相談当たり20であることが計算から算出できました。そこで、目標としては、バッファを加えて、相談成約率を25%と設定しました。加えて、集客相談率は改善のめどが立っていましたので67%で設計しました。

　「集客150→相談100→紹介80→商談50→成約25」と設定しました。相談成約率は「相談100→成約25」ですので25%。集客相談率は「集客150→相談100」ですので67%です。

④目標、現状の定量数値のGAPが大きなビジネスプロセスとGAP数値の確認

成約を5→25と5倍にします。かなり大きなギャップです。どのステップも大きく上げる必要があります。

　この新規事業では、商談以降は顧客と建設会社が直接実施するので、私たちが関与する部分が限定されます。ということは、私たちが手を打てるのは、相対的にコントロール可能なステップになります。

　また今回は、集客相談率は改善のめどが立っていましたので、ここは対象になりません。結果、「紹介」のステップが最もギャップが大きいことになります。その差異は50→80にするのですから、ギャップは30あることが分かりました。

⑤ギャップを埋めるための活動＝CSF候補の洗い出し

　紹介組数をアップするには、どうしたらよいのかを実際の現場のメンバーにヒヤリングします。ただし、この時に闇雲にヒヤリングを実施しても成果はありません。

　コツは、**「定量データでスクリーニングすること」**と**「比較」**です。

　ハイパフォーマーを抽出して、その人たちにヒヤリングするのです。加えて、比較対象としてミドルパフォーマー（平均的な数値の人たち）を抽出して、ミドルパフォーマーにもインタビューを実施します。

　ハイパフォーマーとミドルパフォーマーを比較して、3つの差異点が見つかりました。それは**「満足度」「お客様に建設会社を紹介する際に5社以上提示すること」「3社以上紹介すること」**でした。

　いくつかのデータや追加インタビューの結果、3社以上紹介を行うとその後の成約率が大幅に向上することが分かったのです。

⑥最も効果的な活動（CSF）の確定

　これを受けて、**最も効果的な活動（CSF）は「3社以上紹介」**に確定しました。

⑦KGI達成に必要な定量目標（KPI）

　最終的に、成約率から逆算すると80相談のうちの80%＝64紹介が

必要であることが分かりました。

　つまり 100 相談 → 64 の 3 社紹介 → 25 成約ということです。覚えにくいので、**数字を丸めて、「3 相談 → 2 紹介 → 1 成約」という言葉を参考に共有し続けました。**

　読者の皆さんの KPI 設定の参考になればうれしいです。

よくある質問

　最後に、KPIマネジメントを実践する際によくあった質問について回答していきます。

Q：KPIを変えてよいのか？

　よくあった質問の1つがこれです。具体的には、「年度の期初に設定したKPIを期中に変えてよいのか」あるいは、「どのような頻度でKPIを変化させればいいのか」というような質問です。

　KPIマネジメントを理解するエピソードとしてネックレスの話をしました。それを思い出していただければ、答えは分かりますね。

　ネックレスを引っ張るとどこが切れるのか？

　それは一番弱いところです。そして、その一番弱いところを、引っ張っても切れないように補強します。そして、またネックレスを引っ張ると切れるのはどこでしょうか？　次に最も弱いところです。最も弱いところを順々に補強していって、全ての箇所が引っ張る力よりも強くなれば、ネックレスは切れなくなります。

　その時点で最も弱い箇所が制約条件、つまりCSFです。CSFをどのレベルまで強くすればよいのかという数値がKPIです。ですので、KPIを安定的に達成できる、つまり引っ張る力よりも強くなったら、CSFを変化させなければいけないのです。

　ですので、冒頭の「年度の期初に設定したKPIを期中に変えてよいのか」あるいは、「どのような頻度でKPIを変化させればよいのか」への回答は、「**安定的にKPIが達成できるようになったら、次の弱い箇所（CSF）を強化します**」となります。

ですので、安定的に達成できるようになれば期中でも変更しなければいけません。逆に言うと達成できないのであれば、（その目標数値が妥当であるという前提ですが）翌期も同じ CSF を追いかける必要があります。

同様に、変化させる頻度は一定ではなく、**安定的に KPI を達成できるようになれば、速やかに変化させなければいけないというのが回答になります。**

Q：スタッフ部門なので KPI は関係ないと思いますが？

「スタッフ部門なので関係ない」という意見を聞くこともあります。類似の意見としては、スタッフ部門に限らず、「その CSF は対象部署が頑張るべき話で、我々は我々にとっての重要なことを行う」というような意見もあります。

まず正論から回答しましょう。戦略は組織の上位概念にあります。戦略を決めて、その戦略を実行できる組織を作るわけです。そして、そこに必要な人を調達し、配置するわけです。組織が先にあって、戦略を決めるというのは変だというのは理解いただけると思います。

KPI マネジメントは、ビジネスプロセスで最も弱い箇所（CSF）を組織全体で支援しましょうという話です。これが戦略です。その戦略に関係しないというならば、その組織は本来不要だということになります。

これが正論です。

このような話をすると、「とはいえ、私たち組織にも重要なミッションがある」という話をされるケースもあります。

その通りです。この場合は 3 つに大別できます。

①ビジネスプロセス上の機能を担っていて、求められるレベルを満たしているケース
②同じくビジネスプロセス上の機能を担っているものの、十分な結果は出せておらず、ただし現状最も弱い箇所ではないケース
③ビジネスプロセス上の機能に全く関与していないケース

それぞれどう考えればよいのかを説明しましょう。

最初の「①ビジネスプロセス上の機能を担っていて、求められるレベルを満たしているケース」です。これは、現在のレベルを維持し続けてもらえればOKです。

次の「②ビジネスプロセス上の機能を担っているものの、十分な結果は出せておらず、ただし現状最も弱い箇所ではないケース」は、現状は今のレベルを落とさずに維持してほしいのです。そして、その箇所がCSFになったら、全組織の支援を受けて、十分な結果が出るようになればよいのです。

そして最後の「③ビジネスプロセス上の機能に全く関与していないケース」。これが一番の問題です。冒頭の「スタッフ部門なので関係ない」というパターンです。もし、それが本当であれば、どうしてもやらなければいけない業務に絞り、それ以外は縮小し、可能であればその業務はやめるべきです。極論と思われるかもしれませんが、これが正論ですね。

しかし、実際に突き詰めて考えると、全く関係ない仕事は少ないでしょう。

人事部門であれば、制約条件部門に優秀な人材を配置し、教育機会を提供すればよいのです。制約条件を担っている機能をえこひいきすればいいのです。

経営企画部門であれば、制約条件部門の機能を強化する際に内部コンサルタントとして支援すればよいし、総務や経理部門もそうです。その部署の間接業務を代替・支援してあげればよいのです。

制約条件部門を全組織で支援するということは、その部署をえこひいきするということです。

Q：CSFを1つに絞れない場合、どうしたらいいか？

KPIマネジメントにおけるKPIの数値は交通信号のようなものだという説明を繰り返ししています。交差点で確認すべき信号は1つです。だからKPIはCSFの数値目標ですから、CSFも1つだと説明しています。

強い組織は「振り返る」ことができる組織だとも説明しています。振り返るためには、やると決めた戦略を現場が徹底的に実行してくれる必要があります。現場が戦略を徹底的に実行してくれれば、成果が出た後に振り返ることができます。

　よい結果であれば、その戦略は有効であった。よくない結果であれば、その戦略は有効ではなかったという具合にです。

　ところが、一般的な話になりますが、現場に複数の戦略を依頼した場合、現場は取捨選択することが多いのです。A・B・Cの3つを依頼すると、Aは完璧にするものの、Bはそこそこ、Cはやったフリといった具合です。

　しかし、やらなかったという報告を本部や上司にすることは稀です。そんなことを馬鹿正直に報告すると、叱責されるのではないかと危惧するからです。

　すると、「現場が本当はきちんと実行していない」というノイズが入ります。結果がうまくいったのは、戦略の実行のおかげなのか、そうでないのかが振り返られなくなるのです。同様にうまくいかなかった場合も、その戦略の問題なのかどうかが分からなくなるのです。

　さすがに現場にこの1つの戦略だけを徹底的にやってほしいと伝えれば、それを徹底的にしてくれる可能性は大きく高まるはずです。結果、きちんと振り返ることができるわけです。つまり、1つに絞るのはとても重要なのです。

　強い組織は、戦略を決めて、実行し、振り返るまでのサイクルが短いのが特徴です。私がかつて担当した組織は、過去1年間で2回振り返りをしていました。「2回しかしていなかった」といった方が正確かもしれません。特に失敗した場合の振り返りを全くしていませんでした。本当は失敗こそ学びが多いのですが、それをしていなかったのです。

　年に2回しか振り返らない組織であれば、1つに絞るのは勇気がいります。しかし、毎月振り返ることができれば、年に12回変更できます。毎週でしたらどうでしょうか。年に50回変更できるわけです。

　ですので、1つに絞る話以前に、自組織の振り返る期間を確認するよ

うにアドバイスをしています。

　しかし、例外があります。その組織が同時に戦略を実行できるほど強い組織であれば、同時に複数の制約条件の改善をすればよいのです。前述の組織は、最終的には毎週戦略を振り返り、さらに部署ごとに別の戦略を実行できるようになりました。毎週Ａ／Ｂテストをやれるようなものです。こうなるとCSFを１つに絞るのも全然怖くなくなります。

　また、106ページで解説した「MC4確認ワークショップ」などをして、幹部間で２つあるいは３つまでCSFを絞り込んだ後に、１つに決められない場合もあります。**この場合は、極端な話、どれにしてもいいと思います。その２〜３のCSFは、結果として全て強化しないといけないからです。**幹部の間で、きちんと議論できていれば、最後はえいやで決めてもよいというアドバイスをしています。

Q：KPIとOKRはどこが違うのか？

　とても不思議なのですが、「KPIとOKRの違い」を質問されるケースもあります。何が不思議かというと**「OKRは個人の話」**で**「KPIは組織の話」**です。また、「OKRは能力開発」に活用する話で、本来は「評価に使わない」ものです。そして、「KPIは業績管理」の話で、最終的な「KGIの先行指標」の話なのです。

　つまり、対象も目的も内容も何もかもすべてが異なるのです。もちろん「KPI」と「OKR」を併用すればかなりパワフルです。しかし、このような質問をされる方は、間違った理解をしている。あるいは、間違った使い方をしているのではないかと思います。たとえばOKRを組織に使う、あるいはKPIを個人だけに使うなどです。

　※OKRはObjectives and Key Resultsの略で、Googleやメルカリといった企業が採用していることで知られる目標管理手法。

お わ り に

　私と KPI の出会いはリクルート時代にさかのぼります。

　今から 20 年ほど前の 2000 年ごろ、私はリクルートの HR 部門の首
都圏の企画マネジャーでした。当時、Human Resources の略である HR
部門は企業の採用支援をする事業をしていました。今でいうリクナビ、
タウンワークなどを担当する部門です。
　私は、企画マネジャーとして、事業の状況を数値で把握し、幹部社員
に定期的に報告をしていました。
　その当時の経営陣が「コックピット経営」を標榜し、外資系コンサル
ティングファームにその実現を依頼しました。「コックピット経営」と
は、パイロットである経営者が、飛行機の操縦席であるコックピットに
座り、目の前にあるさまざまな計器から得られるデータから事業の状況
変化を把握し、企業の舵取りをするという考え方でした。

　今から 30 年以上前の学生の頃、ヨーロッパに旅行した際に、飛行機
の安全対策はかなり緩く、CA さんの好意で飛行中のコックピットに入
れてもらったことがあります。そこでパイロットと一緒に写真を撮って
もらうというラッキーな経験をしました。
　今では考えられない牧歌的な時代でした。
　座らせてもらった副操縦士の座席の前には、たくさんの計器盤があり、
こんなにたくさんの情報を処理できるパイロットは優秀な人しかなれな
いなと思ったのを覚えています。

　話を戻しましょう。外資系コンサルティングファームが「コックピッ

130

ト経営プロジェクト」を立ち上げました。半年間でコックピット経営を
実現するというものです。各部署からプロジェクトメンバーが招へい
（アサイン）されます。

　私も数値管理をしていたので、当然、プロジェクトにアサインされる
はずだと思っていました。ところが私はプロジェクトに呼ばれませんで
した。アサインされたのは、全員、部長職以上だったのです。

　アサインされずに、がっかりしていた私に、ある部長が私を挑発しま
した。

**「中尾がやっていることは、ある意味『コックピット経営』だ。中尾が
やっていることを知れば、経営陣はこのプロジェクトを止めるはずだ。
このプロジェクトは多額のコストもかかるし、部長以上が半年も定期的
に拘束されるのはもったいない。1回目のプロジェクトに黙って参加し
て、挙手して、中尾がやっていることを説明するのはどうだ」**

　30代前半で血気盛んだった私は、その部長の申し出を受けたのです。
予定通り、呼ばれてもいないプロジェクトに参加し、冒頭に挙手し、資
料を配布し、自説をとうとうと述べたのです。

**「我々の事業の数値管理はこうしている。いまさらプロジェクト化して、
新たなものを作成するのは無意味だ」**

　私を挑発した部長は、横でニヤニヤしていました。
　やったことはかなり無茶苦茶です。プロジェクトの事務局の顔も潰し
ます。当然、次回以降のプロジェクトに呼ばれることはありませんでし
た。正確に表現すると、もともとプロジェクトメンバーは部長以上で、
私はアサインされていませんでした。だから、2回目以降に参加できな
いのは当たり前です。

**　ところが、半年後にプロジェクトの成果報告がされた際、その内容の**

かなりの部分が、私が1回目のミーティングで提示した数値管理の方法と重なっていたのです。

　当然と言えば当然です。私は、事業のことを一生懸命に研究し、どのような数値を把握すれば幹部が判断できるかを毎日真剣に考えていたのです。そして、実際に幹部は、それで経営判断をしていたのです。その内容が大きく間違っているはずはありません。

　こんなインパクトのあるエピソードのおかげで、私の数値管理に対する評価が変わりました。外資のコンサルティングファームが半年かけて実施したプロジェクトです。大きなコストがかかっています。その内容と類似のことを1マネジャーがすでにやっていたのです。

　リクルートには、メディアの学校という企業内大学があります。様々な講座があり、社内外の専門家が講師を務めます。このエピソードの直後から、私は、講師として「KPIマネジメント」「数字の読み方・活用の仕方」という2つの講座の講師をすることになりました。

　以来、11年間社内講師を担当しました。毎回50名前後の受講者が参加してくれました。年に2回実施していましたので、年間100名。11年間で1000名以上の人たちにKPIと数字について講義した計算になります。

私の中でのKPIの進化

　リクルートでのKPIマネジメントは、前述のように「コックピット経営」というコンセプトから始まりました。経営者がパイロットで飛行機を操縦するイメージです。

　ところが、私にはなんだか違和感がありました。経営者がパイロットとして操縦するなら、従業員は要らない感じです。もちろん、整備士やCA、地上職などは必要です。でもコックピットに限定すると、パイロットだけが必要なイメージがあります。

　従業員である私は、「従業員＝機械」のようなイメージを持ってしま

ったのです。少なくともメタファー（たとえ話）としてはよくないように思いました。実際、リクルートでもこの「コックピット経営」という言葉はすぐに廃れていきました。

　私の中でのKPIマネジメントが進化したと感じたタイミングが3回あります。

　1つめは「**制約条件理論**」との出会いです。本書でも書きましたが、ベストセラー『ザ・ゴール』で有名なエリヤフ・ゴールドラット教授が提唱する理論です。「最も弱いところを特定し、そこを組織全体で強化・支援する」という考え方です。
「制約条件理論」は、「そうそう、ボトルネックのことだよね」と表面的な言葉を知っているものの、全くわかっていない人が多い理論でもあります。
「ボトルネックだ」という人の大半は、ボトルネックを見つけて、そこを指摘し、その部署や人にもっと頑張れと負荷をかけるのです。「ボトルネック」は一番弱い場所です。そこに負荷をかければ、もっと弱まってしまうのは自明の理です。
　ところが、これをみんなよくやってしまうのです。
　人が組織を作ると、①組織内で仲よくなる、②組織外に対して敵対行動をとるという2つの行動を取ります。「企業」「会社」という組織も同じです。会社を効率的に運営するために分割します。たとえば「研究開発」「マーケティング」「営業」「製造」「納品」「CS」などです。
　そして、それぞれの組織が、①組織内で仲よくなる、②組織外に対して敵対行動をとるようになるのです。これが「**部分最適**」という事象です。
「制約条件理論」はそれを防ぐ方法です。前述のように「最も弱いところを特定し、そこを組織全体で強化・支援する」のです。たとえば、「納品」が制約条件ならば、他の部署からの応援や異動などにより「納品」を強化します。「納品」が十分に強くなり「制約条件」ではなくな

ったら、次に弱いところ、たとえば「CS」を全社で支援するといった次第です。

「制約条件理論」は、組織を部分最適ではなく、「全体最適」にするための重要な考え方です。 自社の「最も弱いところ＝制約条件」が、KPIマネジメントにおける「CSF」です。全社でこの CSF を見つけて、KPI 達成まで支援しようと全社が認識することが KPI マネジメントの要諦(ようてい)なのです。

「制約条件理論」が加わったのが、KPI マネジメントの進化の 1 つ目のポイントでした。

私にとっての KPI マネジメントの 2 つ目の進化は、**自分自身が「スーモカウンター」という当時の新規事業を担当したこと**でした。

前述のように私はリクルートの「KPI マネジメント講座」を担当していました。加えて事業の企画スタッフとして受講者や幹部に対して「KPI マネジメント」を提供していました。いわば社内コンサルのような立場だったのです。

一方、「スーモカウンター」では責任者でした。それも新規事業の立ち上げフェーズでした。「KPI マネジメント」の社内講師だった私が、事業立ち上げに失敗したら、かなりまずいわけです。勝手に「KPI マネジメントのプロ」の看板を背負ってスーモカウンターの事業運営をするようなプレッシャーを感じていました。

実際に KPI を 1 つに絞る時の葛藤(かっとう)や不安なども実体験できました。1 つに絞るということは、現場に対して他の指標の優先順位を下げてよいということです。かなり勇気が必要です。しかも万が一、この KPI だけを追いかけてうまくいかなかったらどうしようという不安にも苛(さいな)まれます。かなりドキドキしたのを覚えています。

当たり前ですが、頭でわかっていることと、実際にやることは大きな差があります。一般的には、①**知らない**→②**知っている**→③**やったこと**

がある→④だいたいできる→⑤いつでもできる（習慣）というステップでできるようになります。

　私のケースでは、KPIマネジメントの講師はしていましたが、「④だいたいできる」くらいの位置づけだったのです。特に組織の責任者としては、「②知っている」レベルだったわけです。

　スタッフとしてKPIマネジメントのデータを作成するのと、責任者としてKPIマネジメントを運用、しかもそれにより経営判断をするのは大きな違いがありました。

　しかし、過去の知識、スタッフとしての経験、そしてKPIマネジメントの講師としてのプライドなどのおかげで、逃げずに真正面から取り組むことができました。

　実際、11年間のKPIマネジメントの講師時代に5回ほど講義内容をバージョンアップしたのですが、そのうちの3回はスーモカウンター時代です。

　最初、まだ成果が出ていない時にKPIを見つけ、「1年後に成果が出ているかどうか楽しみにしてください」とアピールしたのを覚えています。うまくいくかどうかドキドキでしたが、まさに背水の陣で必死に考え、新規事業のKPIをなんとか見つけることに成功しました。

　おかげさまで、担当した6年間で、売上30倍、店舗数12倍、従業員数5倍という成長と生産性向上を同時に実現させることに成功しました。これほどの急激な成長にもかかわらず、顧客満足度、従業員満足度は高位安定。そしてこれらの結果も相まって、離職率も低位安定できたのです。

　この経験が私にとってのKPIマネジメントの進化の2つめのポイントでした。

　最後、私にとってのKPIマネジメントの3つ目の進化は、**前著『最高の結果を出すKPIマネジメント』（フォレスト出版）を出版した**ことでした。

リクルート内でKPIマネジメントの社内講師をしていたので、リクルートグループ内ではKPIマネジメントの各種相談を受けていました。

ですので、さまざまな業界、状況でKPIマネジメントが活用できるのは肌感覚でも、実際としても理解できていました。

しかし、前著を出版した後は、規模も業界もまったく異なるさまざまな組織からKPIマネジメントのサポートのお声がけをいただけました。

そのおかげで、KPIマネジメントが、ほぼすべての状況で活用できることが再確認できました。加えて、「このあたりでみんな引っかかるのだな」というポイントもわかってきたのです。

それを受けて書いたのが本書『最高の結果を出すKPI実践ノート』です。この本をきっかけに、4回目の進化ができればうれしいなと考えています。

「KPIマネジメント」を超え 「自律自転する組織」の開発へ

最後に中尾マネジメント研究所と私の最近の興味関心について書きたいと思います。

私は、1989年から2018年までリクルートグループで29年間勤務しました。その間、リクルートテクノロジーズの社長時代はリクルートの「ITで勝つ」に貢献、リクルート住まいカンパニーの執行役員時代は新規事業であるスーモカンターの立ち上げに貢献できました。

また、リクルートワークス研究所の主幹研究員として「自律自転する組織」の研究をしました。同時に女性が育児をしながら働きやすい世の中を作る「iction（イクション）」の事務総長を務め、前述のようにKPIと数字の活用方法の社内講師を11年間担当しました。

現在は、ライフル、旅工房の社外取締役も務めています。

中尾マネジメント研究所は、私が仲間たちと一緒に作ってきた「**自律自転する組織**」を世の中に広げるために設立しました。

従来の、経営者や本社、本部の一部のリーダーが戦略を考え、それを

現場で実行する一極集中、上意下達型の組織では変化対応が遅くなります。

　大きな方針は経営陣が決めたとしても、それを実行する現場のリーダー、メンバーが、いち早く変化の「兆し」に気づき、自分で考え、自分で判断する「自律自転する組織」こそが、これからのビジネスで業績を上げ続けられると考えています。

　この「自律自転する組織」を作りたいと考えている経営者、組織に、その作り方を広げていきたいと願っています。

　対象とする企業は、世の中に役立つ会社の、世の中に役立つテーマで、当社が役立てる内容で、かつ気持ちの良い方々と一緒にプロジェクトを進められることを大切にしています。

　したがって、最近の私の興味関心は「自律自転する組織づくり」です。「自律自転する組織」をつくるには、次の5つのポイントが必要です。

　①現場の「見える化」
　②ナレッジマネジメント
　③メンバーの特徴を把握
　④メンバーの「仕事の進め方のスキルアップ」を図る
　⑤最適な人材発掘、人材配置、人材育成、人材採用

　これらをハイパフォーマーの仕事の進め方である「G-POP（ジーポップ）」、1on1の問題点を改良した「GC（グループコーチング）」と30万人以上が利用している協働学習ツール「teamTakt（チームタクト）」を組み合わせて実現しつつあります。

　これらの組合せを **G-POP マネジメント**と名付けました。

　G-POP は Goal（ゴール）、Pre（事前準備）、On（実行と修正）、Post（振り返り）の頭文字です。ハイパフォーマーは、①常に Goal（ゴール）を意識し、②Pre（事前準備）に時間を使い、③実行後の Post（振り返り）か

ら学び、成功の再現性を高めることをしています。

　グループコーチング（GC）は、前述のように1人のファシリテーターと4人の参加者が、G-POPフォーマットをteamTaktに事前に記載した上で、ZOOM（テレビ会議）を通じて毎週1時間実施します。これを継続することで、知らず知らずのうちに仕事の仕方のレベルが上がっていきます。

　加えて、teamTakt上にあるG-POPフォーマットに蓄積されていくテキスト情報（Worklog）を活用して、AIによるその人の取り扱い説明書（トリセツ）ができます。これらにより、「自律自転する組織」成立の必要条件である──

①現場の「見える化」
②ナレッジマネジメント
③メンバーの特徴を把握
④メンバーの「仕事の進め方のスキルアップ」を図る
⑤最適な人材発掘、人材配置、人材育成、人材採用

──ができあがっていくのです。

　私のコンセプトと2つのノウハウとテクノロジーを統合することで、業績を上げ続けられる「自律自転する組織」をつくる「G-POPマネジメント」が組織の習慣になっていくのです。
　このテーマについても、現在執筆中で、秋には出版予定です。
　本書との出会いをきっかけに、みなさまのビジネスに伴走できれば、これ以上の喜びはありません。

2020年8月
中尾隆一郎

MEMO

MEMO

MEMO

MEMO

【著者プロフィール】
中尾隆一郎（なかお・りゅういちろう）
株式会社中尾マネジメント研究所（NMI）代表取締役社長
株式会社旅工房取締役・株式会社LIFULL取締役
1964年5月15日生まれ。大阪府出身。
1987年大阪大学工学部卒業。89年同大学大学院修士課程修了。リクルートに29年間勤務。89年株式会社リクルート入社。主に住宅、人材、IT領域を歩み、住宅領域の新規事業であるスーモカウンター推進室室長時代に同事業を6年間で売上30倍、店舗数12倍、従業員数を5倍にした立役者。
リクルートテクノロジーズ代表取締役社長、リクルート住まいカンパニー執行役員、リクルートワークス研究所副所長を歴任後、2019年3月株式会社中尾マネジメント研究所（NMI）を設立。
リクルートテクノロジーズ社長時代は、優秀なIT人材を大量に採用、かつ早期戦力化することで、リクルートグループ全体の「ITで勝つ」という方針実現に貢献。リクルートグループに管理会計の仕組みを導入したほか、顧客から求人広告の対価をストックオプションで得るスキームを国内で初めて実現させた。
メディアの学校（リクルート社内大学）の「KPIマネジメント」「数字の読み方・活用の仕方」の講師として11年間、受講者1000名超を担当。
中尾マネジメント研究所設立後は、世の中に役立つ会社の支援を中心に、気持ち良い方々と一緒に仕事ができることを大事にしながら、経営者塾の中尾塾、業績拡大コンサル、経営者メンターなどで貢献中。
専門は事業執行、事業開発、マーケティング、人材採用、組織創り、KPIマネジメント、管理会計など。良い組織づくりの勉強会（TTPS勉強会）主催。
おもな著書に『「数字で考える」は武器になる』（かんき出版）、『最高の結果を出すKPIマネジメント』『最高の成果を生み出すビジネススキル・プリンシプル』（フォレスト出版）、『最速で課題を解決する逆算思考』（秀和システム）など。
ビジネスインサイダージャパンで毎月マネジメントについて執筆中。

◎株式会社中尾マネジメント研究所（NMI）
https://nminstitute.jp

最高の結果を出す
KPI実践ノート

2020年9月4日　　初版発行
2024年9月12日　　3版発行

著　者　中尾隆一郎
発行者　太田　宏
発行所　フォレスト出版株式会社
　　　　〒162-0824 東京都新宿区揚場町2-18　白宝ビル7F
　　　　電話　03-5229-5750（営業）
　　　　　　　03-5229-5757（編集）
　　　　URL　http://www.forestpub.co.jp
印刷・製本　日経印刷株式会社

『最高の結果を出すKPI実践ノート』

書籍購入者
無料プレゼント

••••••••••••••••••••••••••••••••••••••

業績を上げ続ける
「自律自転する組織」をつくる

次世代マネジメント手法
「G-POP
マネジメント」
を徹底解説

(ZOOM動画)

本書あとがきで触れた「自律自転する組織」を実現するための最
新マネジメント手法「G-POP（ジーポップ）マネジメント」につい
て、動画で解説します。本書で学んだKPIマネジメントと組み合
わせることで、最強の組織づくりに役立てることができます。ぜ
ひ、ご覧ください。

••••••••••••••••••••••••••••••••••••••

 《 無料プレゼントを入手するには
こちらへアクセスしてください
http://frstp.jp/kpi2